10년을 살아 보니

계급장 떼고

계급장 떼고 10년을 살아 보니

초판 1쇄 발행 2023년 12월 7일

지은이 김남홍
펴낸이 장길수
펴낸곳 지식과감성#
출판등록 제2012-000081호

교정 주경민
디자인 오정은
편집 오정은
검수 이주연, 정윤솔
마케팅 김윤길, 정은혜

주소 서울시 금천구 벚꽃로298 대륭포스트타워6차 1212호
전화 070-4651-3730~4
팩스 070-4325-7006
이메일 ksbookup@naver.com
홈페이지 www.knsbookup.com

ISBN 979-11-392-1504-5(03810)
값 13,000원

• 이 책의 판권은 지은이에게 있습니다.
• 이 책 내용의 전부 또는 일부를 재사용하려면 반드시 지은이의 서면 동의를 받아야 합니다.
• 잘못된 책은 구입하신 곳에서 바꾸어 드립니다.

지식과감성#
홈페이지 바로가기

계급장 떼고 10년을 살아 보니

김남홍 수필집

지식과감정#

책을 내면서

생도 생활을 포함하여 37년 군복을 입었고, 스무 번 이사를 했습니다. 그리고 스물한 번을 끝으로 전원에 둥지를 튼 지 어언 10년이 지났습니다.

전역 후 몇 년간은 꿈을 다 이룬 듯, 동창생, 동기생, 지인들과 하루가 멀다고 가든파티를 하는 등 즐겁게 지냈습니다. 고삐 풀린 망아지처럼 전국을 돌다가 때로는 해외여행도 하고 원 없이 골프도 했습니다. 그러다 어느 날 문득 여생을 이렇게 허비해서 되겠는가 하는 의구심이 생겨났습니다. 몸담아 왔던 조직에서 이탈한 사회적 외로움과 혼자 있는 시간이 많아지면서 느끼는 감정적 외로움도 있었습니다.

작년 봄, 여주시에서 후원하는 '수필 아카데미 1기 수강생 모집' 광고를 보게 되었습니다. 문학을 배우면서 본래 자신도 모르는 심연에 은닉되어 있던 감정들이 조금씩 살아나는 느낌을 받았습니다. 그래도, 나의 진심과 경험을 풀어내어 독자들이 감동하거나 고개가 끄덕여지는 공감을 할 수 있는 글을 쓸 수 있을지는 여전히 의문이 남았습니다. 여성들이 싫어한다는 축구 얘기, 그중에 가장 싫어한다는 군대에서 축구 경기를 한 이야기만 하는 게 아닌가 하는 일말의 조바심이 든 것입니다. 군대에서 개조식 보고서에 익숙해져 짧은 문장만 써 왔던 습관도 걱정되었습니다. 그러나 글을 쓰면서 시간이라는 씨줄과 공간이라는 날줄에서 베를 짜듯 글이 만들어졌고 세월의 줄기에 붙어 있던 경험과 추억과 재능이 기지개를 켜고 나오기 시작했습니다. 문학 소년이었고 백일장에도 나갔었고 영문학을 하면서 읊던 시도 떠올랐으며, 연애편지 쓰던 시절 한 페이지에 마침표 한두 개로 마무리 짓던 화려한 수사도 생각났습니다. 드디어, 내가 되고 싶은 나를 발견하게 되었던 것입니다.

어깨를 심하게 다쳐 핀으로 고정하는 수술을 받은 그해 겨울 꼼짝없이 갇혀 지내는 동안거가 시작되었습니다. 성경을 통독하고 닥치는 대로 서재의 책을 읽으며 많은 생각을 했고, 새벽 고요 속 침묵은 깊은 내면의 소리들을 깨우기 시작했습니다. 침묵과 소리는 정반대의 개념이지만 소리를 낳는 것은 침묵임도 알았습니다. 내가 가지고 있는 마음의 소리가 들리기 시작했고 평소에는 무심코 지나쳤던 자연의 바람과 풍경이 온전히 감정의 눈으로 보이기 시작했습니다.

그래서 글을 쓰기로 했습니다. 우선, 가까운 곳에서 소재를 발굴하고 살을 붙여 한 작품씩 만들어 나갔습니다. 그러면서 랄프 왈도 에머슨이 쓴 〈내면에 스쳐 가는 섬광〉이란 글을 접했습니다.

"인간은 시인과 현자가 노래하는 창공의 광채보다 자기 자신의 내면에서 반짝이는 섬광을 감지하고 보는 법을 배워야 한다. 그러나 인간은 자신의 것이라는 이유로 그 생각을 무시해 버린다. 언제나 우

책을 내면서 5

리는 천재의 작품에서 우리 자신이 스스로 거부했던 자기 생각을 발견한다."

침묵의 소리에 익숙해지면서 나를 깊게 성찰하고 나만의 특이성을 발견하려고 노력했습니다. 함석헌 선생님의 〈그대는 골방을 가졌는가?〉라는 시도 공감하며 내 속으로 들어왔습니다. 몸의 부자유스러움이 마음을 확장하고 깊게 들여다보는 데 일조한 셈입니다. 마치 스님의 면벽 수행처럼.

그러나 우리는 동굴 안에서 남을 보는 게 익숙합니다. 플라톤의 동굴 속에 갇힌 나의 편견으로 세상과 타인을 저울질하는지도 모릅니다. 지금 내 생각이 내일이면 틀릴 확률도 높습니다. 그 폐쇄된 군대라는 동굴, 좁은 지역과 짧은 지식의 동굴, 가벼운 인식의 동굴에서 벗어나기는 쉽지 않을 것입니다. 다만, '자신에게 정직한 사람이 남에게도 정직하고 자신에게 솔직한 사람이 남에게도 솔직하지 않겠는가?'라고 생각했습니다. 수필은 지식의 전달이나 무엇을 평가하는 것이 아니라 온전하게 내 생각과 경험을 솔직하게 그려 내는 것이기 때문입니다. 내가 수필을 택한 이유도 시처럼 선천적인 감수성과 영감을 갖지 않아도 되며, 다독(多讀), 다작(多作), 다상량(多商量)으로 쓸 수 있는 후천적 노력으로 가능한 분야이기 때문입니다.

나이 들어 몸이 쇠하고 말이 어눌해질 때까지 경험에서 우러난 곰삭은 글과 깊은 사색으로 얻어 낸 문장들을 바깥으로 드러내는 작업을 계속하겠습니다. 이 책을 만드는 데 결정적으로 이바지한 안윤희 여주 문인협회장께 감사드리고 여주 수필 구인회 양정호 회장님과 회원들에게도 고마움을 전합니다. 그리고 허락도 받지 않고 작품의 주인공이 되어 주신 분들과 멋진 수필집을 만들어 준 '지식과감성#' 출판사에 감사를 드립니다.

2023. 12. 1.
강천 성주골에서
김남홍

차례

책을 내면서·····················4

제1부 감사합니다

가을 문턱에서·····················14
숲에서 얻는 단상(斷想)·····················19
승주봉 산행기·····················23
매화 예찬·····················28
소나무에 대하여·····················33
감사합니다·····················38
건이 아빠·····················43
누구와 맛있는 밥을·····················48
음식의 내공·····················53
스케이트의 추억·····················58
준비 안 된 등산·····················63
하늘로 보내는 우정·····················68

제2부 나이 듦에 관한 생각

여주에서 인생 2막····························· 76

나의 시골 적응기····························· 81

주말부부 합쳐 살기··························· 86

군인 친구를 민간인으로······················ 91

아프거나 다치지 말자························· 96

보고 싶은 얼굴들···························· 101

베트남 푸꾸옥섬 여행······················· 106

내 맘대로 되지 않는 운동··················· 111

여군 장교 결혼 주례························· 116

나이 듦에 관한 생각························· 121

제3부 김 병장의 마지막 인사

권투가 맺어 준 인연·····························128

집밥의 위력·······································134

대대 주임원사·····································139

충청도 운전병 사내······························144

나의 어느 여름···································149

부사관과의 대화··································154

충성스러운 병사들·······························159

비무장지대의 외로운 섬 GP···················164

동해안에서 한 일·······························169

스스로 생을 마감한 친구························174

이순신 장군이 밥 짓고 빨래했다면·········180

김 병장의 마지막 인사··························185

제4부 나의 인생 사계절

나의 인생 사계절……………………………192

나의 유년 시절………………………… 197

언제나 마음은 태양…………………… 202

둘째 탄생의 비화……………………… 207

중국 계림 회갑 여행…………………… 212

아버지의 고향………………………… 217

내 어머니의 노년……………………… 222

후회와 그리움………………………… 227

청각으로 주신 사위 사랑……………… 232

군 생활의 멘토………………………… 237

친구의 아쉬운 삶 마무리……………… 242

제1부

감사합니다

가을 문턱에서

나의 가을은 김장배추와 무를 심는 시기부터 시작된다. 여름의 끝자락, 불볕더위가 기승을 부리는데도 마음은 가을로 접어들고 있는 느낌이 들기 때문이다.

지구가 자꾸 뜨거워지다 보니 지구 위에 심는 작물도 적응을 잘하지 못하는가 보다. 올해 배추를 8월 말에 심었는데 비가 이틀쯤 내린 촉촉한 밭에 심어 잘 자라겠거니 내심 기대하였다. 그러나 다음 날 해가 나면서 기온이 33도까지 훌쩍 올라가더니 저녁녘에 배추 모종이 녹듯이 시들어 버렸다. 제일 먼저 떠오른 이의 얼굴은 아내였다. 내가 기른 농약 안 친 배추로 맛있는 김장을 하여 첫째는 물론, 올해 결혼 후 처음 김장철을 맞이하는 둘째에게 엄마의 손맛을 보여 주려고 잔뜩 기대하고 있었을 텐데 다 망쳐 버렸으니 배추가 죽은 게 아니라 내가 죽게 생겼다. 부랴부랴 배추 모종을 사다가 다시 심었으나 그것도 영 신통치 않았다. 잘 키워 아내에게 이쁨을 받아 보겠다고 거름을 너무 많이 한 게 화근인 듯했다. 누렇게 거름독이 올라 반쯤은 제구실을 못 해 뽑아내고 처외삼촌이 준 얼갈이배추 모종으로 대체하였다.

"시골 생활 10년인데 배추 하나 못 키운담?"

아내의 따가운 눈총을 받으며 두 군데 지인에게 김장 배추를 부탁하여 승인을 받은 후 그나마 안심할 수 있었다.

농촌에 살다 보니 지구온난화를 온몸으로 실감한다. 통상 기상학적으로 가을은 평균 기온이 20도 미만으로 떨어진 뒤 다시 올라가지 않는 날부터 시작된다고 한다. 예전 조상들은 가을의 초입이라고 입추의 절기를 8월 초에 설정했는데 요사이는 열대야가 기승을 부리는 한여름의 가운데로 변했다. 게다가 처서는 8월 23일쯤인데 여름이 지나 더위도 가시고 선선한 가을을 맞이한다는 뜻이나 현실과는 괴리감이 크다. 그 시기가 되면 따가운 햇볕이 누그러져서 풀이 더는 자라지 않기 때문에 산소의 풀을 깎는 벌초를 한다고 했는데 지금은 벌초하는 날이 보름에서 스무날 정도 늦어진 듯하다. 요사인 가을이라고 체감하는 날이 9월 하순쯤 되어야 아침, 저녁으로 선선한 바람을 느낄 수 있다. 가을은 땅이 식는 시기로 초가을은 내륙부터 식어 가을이 시작된다. 내가 사는 경기도 남부는 9월 중순이 되어야 가을에 접어들고, 바닷가이며 남쪽에 있는 부산은 10월이 되어야 가을이 온다고 한다. 봄은 따듯하고 가을은 선선하다고 느끼는데 실제로는 가을의 평균 가온이 더 높다고 한다. 따사로운 봄볕에서 몸을 녹이던 가난뱅이가 "임금님도 이런 기분 모를 거야." 했다는 추위 뒤의 포근함이 그렇게 느끼게 하는 것이리라.

　가을의 옛 표기는 'ㄱᆞᇫ'인데 거둔다는 의미를 포함하고 있으며 '가을하다'는 '추수하다'의 순우리말로 지금도 함경도 지방에서는 사용된다고 한다. 요사이 농산물은 벼도 온상에 파종하여 추석 전에 햅쌀이 나오고 각종 과일도 제철을 잊은 듯 딸기는 겨울이 제철이고 다른 가을 과일들도 여름부터 출하가 되고 있다. 그래도 풍성한 가을걷이는 예처럼은 아닐지라도 농부들이 추수하는 기쁨을 맛볼 수 있는 작물이 다양하게 나온다. 들녘에 넘실대는 황금빛 논에는 콤바인이 벼를 거두고 땅콩과 고구마는 먼저 트랙터가 지나간 자리에 이삭줍기하듯 거두고 있다. 물론 타작하는 탈곡기나 도리깨질은 보기 힘들더라도 농부들의 바쁜 손놀림은 쉴 줄을 모른다. 들깨도 털어야 하고 콩도 수확해야 하며 늦게 열리는 고추도 따야 한다. 주렁주렁 열린 사과의 색깔이 더욱 빨갛게 익어 가면 직접 손으로 거둬야 하는 농촌에는 고사리손도 아쉽다.

　가을꽃들도 계절을 넘나들기는 마찬가지다. 대표적 가을꽃인 코스모스는 7월부터 피기 시작하고 뜰 앞에 달리아는 초여름에 한차례 피고 지더니 선선한 바람이 부는 초가을부터 다시 피기 시작했다. 그러나 쑥부쟁이와 국화는 계절을 잘 지키는 편이다. 갈대와 억새도 마찬가지다. 백일홍과 천일홍은 여름부터 가을까지 오랫동안 피고 지기를 반복한다. 봄에서 여름을 거쳐 자라는 동안 줄기와 잎에 양분을 잔뜩 머금었다가 피는 가을꽃은 색이 짙고 꽃술이 풍성하다. 그래서 이 시기에는 여기저기서 가을꽃 축제가 펼쳐지곤 한다.

　가을의 초입을 알리는 대표적인 현상은 구름과 하늘이다. 날씨가 계절을 비껴간 듯 햇볕이 따가운 시기에도 훌쩍 멀어져 보이는 하늘은 눈이 시리도록 파랗고 검은 구름이 지나간 자리에 뭉실뭉실 뭉게구름이 피어오른다. "가을하늘 공활한데 높고 구름 없이" 하는 애국가의 가사가 새삼 공감되면서 어린 시절 외딴집 마당에 멍석을 깔고 누워 바라보던 하늘과 구름이 소환되곤 한다. 산 위에 걸린 구름이 그려 주는 대로 상상하며 많은 꿈을 꾸었고 먼 미래를 여행하곤 했었다. 지금이야 선풍기와 에어컨이 계절을 잊게 하지만 예전에는 건들바람이 부는 시기가 되어야 머리가 맑아져서 책을 읽고 사색하기 좋은 독서의 계절이 왔음을 느끼곤 했다. 이때 산의 모습은 서슬 퍼렇던 녹음이 용기를 잃은 듯 다소곳한 초록으로 변하고 산 위의 끝자락부터 갈색으로 변하여 노을과 닮아 가고 있다. 새벽 공기가 차가워지면 안개가 뽀얗게 피어 골짜기를 가득 채웠다가 멈춰 선 자리에 가을 햇살이 비추면 슬그머니 사라지곤 한다.

　이때쯤이면 생각이 많아지고 옛 추억과 그리움들이 새록새록 떠오르는데 가을바람은 참회의 시간도 갖게 한다. 속리산 문장대에 함께 올랐던 소녀들은 손주들과 놀고 있을 것이고 함께 글짓기 대회에 나갔던 소녀는 교사로 정년을 맞이했다고 들었다. 다들 인생의 이맘 때쯤을 사는 것이다. 말로 해도 알아들었을 후배 생도들을 온몸으로 괴롭혔던 횡포와 초급장교 시절 군기 잡는다고 점호에 늦게 나온 하사를 내동댕이쳤던 치기 등이 생각나 후회되곤 한다. 훈련은 좀 독하게 시켰던가? 이름은 잊었지만 어디선가 나를 기억하며 이를 갈지도 모를 일이다.

나는 단풍이 붉게 물들고 낙엽이 지며 찬 바람이 부는 늦가을의 스산함도 좋지만, 여름과 가을 경계에 있는 가을 문턱의 짧게 지나가는 이 시기도 참 좋아한다. 조금은 여름처럼, 조금은 가을처럼 지나가는 이때는 내 삶의 나이와 많이 닮아 있기 때문이리라. 파란 하늘 도화지에 하얀 수를 놓는 구름 사이로 그리움과 추억을 떠올리며 부드럽게 변해 가는 바람과 산색에 뒹구는 여유를 만끽해 본다.

숲에서 얻는 단상(斷想)

요즘은 세상 시끄러운 소리에 귀먹어 나의 내면과 독대(獨對)하기
가 어렵다. 온통 남을 힐뜯고 상대방을 비난하는 모습으로 가득 차,
TV를 보다가도 끄기가 일쑤다. 나에게 닥치면 불행이지만, 남이나
먼 나라에서 일어난 일은 그냥 스쳐 가는 뉴스일 뿐이다. 삶은 어떻
게든 방법을 찾아낸다고 했던가? 이럴 땐, 가벼운 차림으로 혼자 숲
으로 발길을 옮긴다.

산에 오르면 시공을 초월한 듯한 사색에 빠져 진짜 나를 만나게 된
다. 어린 시절 벗나무 열매를 따다가 나무에서 미끄러졌던 일이나 고
소한 개암나무 열매 따 먹던 추억이 떠오른다. 소대장 때 화악산 정

제 1부 감사합니다 19

상에서 본 천 년 남짓 된 주목과 평창 동계올림픽 때 곤돌라 타고 올랐던 가리왕산의 상고대 천국도 생각이 난다. 부드러운 바람과 고요가 만든 단상(斷想)으로 한결 마음이 가벼워진다. 세상 시름 다 잊고 행복해지기로 마음먹는다.

조금만 올라가면 썩은 나무 밑둥치에 부지런히 움직이며 집을 짓고 사는 개미 떼를 볼 수 있다. 한참을 관찰하다가 "개미 대열에서 몇 마리 들어내도 그 대열은 흐트러지지 않는다."라고 한 어느 철학자의 글귀가 생각난다. 사람을 제외한 생물은 현재만 존재하지, 과거나 미래를 생각하지 않기 때문에 불안하지도 절망하지도 않는단다. 모든 생명체는 죽지만, 죽음을 예견하고 두려워하는 것은 사람이 유일하다. 저 개미들은 죽음에 대한 두려움 없이 미래에 대한 걱정 없이 주어진 일을 편안하게 하고 있을 것이다.

중턱에 있는 바위에는 소나무와 이끼가 자란다. 이끼야 이슬과 비가 주는 물을 먹고 큰다지만, 딱딱한 돌 틈에 비집고 뿌리 내린 소나무는 척박한 환경에서도 꿋꿋한 기상을 잃지 않고 자란다. '그래, 소나무 스스로 살고자 하는 의지가 강한 것이겠지?' 얼마 전 공황장애로 힘들어하던 젊은이가 툭 내뱉던 말이다. 식물도 강한 의지로 힘든 환경을 극복하는데 왜 사람들은 삶을 아파하고 괴로워해야 하는지! 미래에 대한 벅찬 무게감을 이기지 못하기 때문일까? 경쟁 심한 세상에서 오늘도 자기의 영혼을 갉아먹으며 힘들게 살아가는 젊은이에게 연민을 느낀다.

바위 아래엔 바람에 밀려와 겹겹이 쌓인 낙엽이 이불처럼 푹신한지 데리고 간 풍산개가 마른 목욕을 한다. 어느 강아지는 실내에서 미용과 간식으로 대접받으며, 사랑받으며 사는데 시골 개들은 묶어 놓고 키우다 산에 데리고 나오면 온 산천을 신나게 누빈다. 누가 더 행복할까? 중성화 수술한 후 방 안에서 키우다 목줄을 하고 산책하는 도시 개와 묶여 있다가 풀어놓으면 마음껏 뛰어다니는 산골 개 중. 비교는 불가능하지만, 사람이라면 자신의 내면에서 행복하다고 느끼는 마음을 가진 자가 아닐까? "마음속에 부처가 있다."라는 글귀가 생각난다.

산 정상에 다다르면 키는 크지 않지만, 멋스러움을 맘껏 뽐내는 나무들을 만날 수 있다. 세찬 바람을 견디며 꺾이지 않고 세월을 이겨 낸 자태! 그래, 나무가 튼튼해지기 위해서는 바람이 필요하듯, 인간이 건강해지기 위해서는 운동이 필요한 거겠지. 그리고 어려운 풍상을 이겨 내면, 고고하고 품위 있는 인격이 형성되겠지. "젊어서 고생은 사서도 한다."라는 속담이 떠오른다. 또한, 청년 시절 내가 좋아했던 말 "고통 속에서 우아함(Grace under Pressure)"도.

내려오다 보면, 작은 붓꽃과 딱 한 송이 핀 원추리꽃을 만나기도 한다. 아무도 보아 주지 않는데 자기가 해야 할 단장을 묵묵히 하는 것 같아 신비하기까지 하다. "자세히 보아야 예쁘다~" 나태주 시인의 〈풀꽃〉을 읊조린다. 그래, 네가 산속에 피었으니 망정이지, 우리 밭에 있었으면, 한갓 잡초로 뽑힐 운명이었을지도 모른다. 언제, 어느 곳에 있느냐가 운명을 좌우하는 것 같다.

제 1부 감사합니다 21

계곡으로 더 내려가면, 다래와 머루 넝쿨이 엉켜 다른 나무를 타고 올라간다. 산에서 넝쿨 식물은 다른 나무를 못살게 구는데, 특히, 칡이 많은 곳에 가면 고사한 나무를 종종 보게 된다. 기생 식물은 아닌데도 칭칭 감고 올라가 숨을 못 쉬게 하는 것이다. 자기만 아는 이기적이랄까? 그런 면에서 나도 참 이기적이었다. 사랑은 어떠한 환경에서도 상대방을 행복하게 해 주겠다는 의지인데, 사랑한다는 이유로 옭매고 힘들게 한 적이 많았으니까. 지금부터라도 감사하며, 힘들게 기대지만 말고 살아야지.

물소리가 졸졸 들리는 걸 보니 다 내려온 모양이다. 투명하고 맑은 계곡물은 그냥 쭈그리고 엎드려 입을 갖다 대면 달고 시원하다. 산에서 흘린 땀도 씻고, 발을 담가 피로도 푼다. 그러고 보니, 이 물이 흘러 한강으로 가고 뭇사람들의 식수가 될 터인데 내가 조금은 오염시켰다는 생각이 든다. 그래도 자연의 자정 능력은 무한하다니 크게 걱정은 안 한다. 모든 생명의 근원인 물처럼 아래로 순리대로 흐르며 살아야지.

숲에 들어서면 몸도 마음도 정화되어 한결 맑아진 느낌을 받는다. 어느 곳, 어느 장면도 내게 삶의 교훈을 던져 주고, 과거와 미래로의 여행을 보내 준다. 한두 시간의 산행인데도 한껏, 숲의 정기를 받아 여유롭고 자비로운 마음이 되어 행복해졌음이 느껴진다. 오늘도 숲에서 얻은 소중한 단상들을 간직한 채 집으로 향한다.

승주봉 산행기

우리 집 뒷산은 '승주봉'이라 불리는 355m의 아담한 산으로 경기도와 강원도의 경계선이 지나간다. 집을 지을 때 가축분 냄새 안 나고 차량 매연으로부터 자유로우며, 더 개발되지 않는 지역을 찾다 보니 산 아래, 마을에서 1㎞쯤 떨어진 곳에 터를 잡은 것이다. 그 산에는 '행치(行峙) 고개'와 연결되어 단종이 유배 갔던 옛길의 흔적이 남아 있고, 약초 채취와 버섯 따러 다녔던 소로가 능선 따라 있으며, 더 넘어가면 산불 예방과 산림 보호를 위해 만들어 놓은 임도가 연결되어 있다.

겨울에 이사하고 봄에 소방학교에서 갓 태어난 풍산개 강아지를

제1부 감사합니다 23

분양받아 수시로 뒷산을 오르기 시작했다. 뒤뚱뒤뚱 잘 따라와 주는 강아지 덕분에 혼자 산행하는 외로움은 한결 덜했다. 하긴, 조금만 오르면 멧돼지가 진흙 목욕한 흔적과 어지러운 발자국이 발견되니 강아지라도 위안이 되었다. 풍산개에서 딴 이름 '산이'는 무럭무럭 자라서 산에 오르면 고라니를 추적하기 시작했다. 번번이 놓치지만, 사냥 본능은 유감없이 발휘했다.

다음 해 봄이 되어 겨우내 쉬었던 산행을 시작했는데 생강나무 노란 꽃이 반겨 주었다. 며칠 후에는 진달래가 피어 몇 송이 따 입으로 가져가니 새큼달큼한 맛이 어릴 적 추억을 일깨워 주었다. 사월에 올라가면 산벚꽃이 작은 분홍 입술로 반겨 주었다. 어느 시인의 말대로 '봄은 볼 게 많아 봄'이란 글귀가 새로워진다. 오월 초가 되면, 아카시아 꽃향기가 진동하는 가운데 연둣빛 잎이 산을 덮고, 원추리와 참나리가 삐죽 싹을 내민 모습을 보게 된다. 그때는 햇빛과 어우러져 숲 사이로 비추는 풍경이 인상파 화가의 그림을 연상토록 화려하고 찬란하다. 성견이 다 된 '산이'는 제 세상 만난 듯 신이나 온 산을 누벼 다니면서 고라니와 장난을 치곤 했다.

그러다, 더위와 장마가 시작되면 산행은 뜸해진다. 집 주변에서 꾀꼬리와 뻐꾸기가 지저귀며 노는 모습을 자주 보게 되고, 밤에는 소쩍새 소리가 먼 전설 속으로 나를 인도했다. 더위가 한풀 꺾인 팔월 말이 되면 등산이 주목적이 아닌 산이 주는 보물을 찾는 산행이 시작되곤 했다.

장마가 끝날 무렵부터 참나무 그루터기 주변을 살펴보면 영지버섯을 만나게 된다. 불로초과인 영지버섯은 다양한 약성뿐 아니라, 붉은 색깔과 반짝이는 빛깔이 우선 마음을 사로잡는다. 약초꾼들이 지나간 다음 올라가는 나는 작은 영지만 따다가, 어쩌다 감춰 둔 것 같은 영지를 만나면 횡재한 듯한 기분이 들었다.

도깨비에 홀린 듯한 날도 있었다. 그날도 수풀 속에 숨은 영지를 발견하고는 '아! 남이 안 지나간 좀 더 깊은 곳으로 가 보자.'라는 생각으로 길이 아닌 곳을 더듬어 가기 시작했다. 나무 밑둥치 아래만 보며 가다가 우연인지 몰라도 가끔 영지가 보여 땄다. 그런데, 어느 순간 방향을 잃고 어디가 어딘지 구분이 되지 않았다. 숲은 점점 더 촘촘한 잡목으로 변하고 칡넝쿨과 엉켜 앞으로 나가기도 버거운 상황이 된 것이다. 한참을 씨름한 덕에 집 한 채가 보이는 길로 내려왔는데 전혀 낯선 곳이었다. 주인을 찾아 어디냐고 물으니 강원도 문막 쪽으로 내려왔단다. 여주로 산을 넘으려면 어떻게 하냐고 물으니 힘들다고 하면서 삿갓봉 옛길로 돌아서 가란다. 십 리가 넘는 길인데 기진맥진한 몸으로는 무리인 듯하여 SOS를 쳤다. 아내에게 자초지종을 얘기하고 데리러 오라고 하니 깔깔 웃으며 "그러마."라고 했다. 그런데, 좀 전까지 있던 '산이'가 보이지 않았다. 할 수 없이 집주인한테 혹시 흰 풍산개를 보면 연락해 달라고 전화번호를 남겨 부탁하고 아내 차를 타고 집에 왔다. 그런데, '산이'는 언제 왔는지 집 앞 그늘에 누워 혀를 내밀고 힘든 기색으로 일어나지도 않았다. 반가우면서도 느껴지는 배신감에 "똥개 같으니." 하면서 핀잔을 주었다. 땀에 흠뻑 젖은 몰골로 그러는 내가 아내한테는 배를 움켜쥐게 하는 한 편의 코미디였는지 연신 웃음을 못 참았다. 어쨌든, 따 온 영지는 얇게 썰어 말린 다음 서울 사는 친구들한테도 나누어 주었다.

그 일이 있은 다음, 이번에는 장아찌 담글 산초를 따러 갔다. 가시에 찔리며 온 산을 누빈 끝에 작은 단지 하나를 채워 장아찌를 담갔는데, 숯불에 고기 구워 얹어 먹는 색다른 맛에 집에 오는 손님들이 아주 좋아했다. 그즈음, 운이 좋으면 참나무에 붙어 자라는 보드랍고 새하얀 노루궁뎅이버섯을 만날 수 있었다. 보기만 하여도 감탄사가 저절로 나오는 기분 좋은 날이다. 몇 개 못 땄지만 뿌듯한 맘으로 집에 와 소고기를 구워 버섯 숙회와 함께 막걸리를 마시면 황제 밥상이 부럽지 않았다. 참나무가 많은 뒷산에는 가끔 자연산 표고를 얻을 수 있고, 뽕나무버섯을 딴 적도 있다. 시월 중순, 낙엽이 지기 전 누렇게 싹이 변할 때쯤에는 둥굴레 뿌리를 캐러 산에 갔다. 나이 든 이들한테 다 좋다고 한의사 후배가 권한 후이다. 등산 가방 한가득 캐 와서 깨끗하게 씻어 꾸덕꾸덕하게 한 다음, 무쇠솥에다 덖어서 다시 말리기를 반복하면 구수한 냄새가 나는 둥굴레차가 만들어진다. 둥굴레와 영지를 달여서 차게 마시는 음료는 그냥 마시기만 해도 보신이 되는 느낌이 들었다.

찬 바람이 불면 산행도 다시 뜸해지고 한 해가 지나가고 있음을 실감한다.

산은 계절마다 새로운 풍경을 선사하고, 부지런한 이에게는 가진 것 다 내어준다. 그러나 얻기보다 비우기에 적합한 봄 산행을 나는 더 좋아한다. 떨어지는 낙엽을 밟는 낭만도 좋지만, 겨우내 움츠렸던 싹을 힘차게 내미는 봄의 정취가 더 좋다. 한가로이 사색하는 혼자만의 산행을 좋아하는데, 가을 산행은 욕심이 묻어나 집중할 수 없음이다. 물론, 건강을 위해 맑은 공기 마시며 오르는 산행은 언제라도 좋지만.

매화 예찬

몇 년 전 3월 강릉 오죽헌을 고등학교 친구들과 여행하였다. 그때, 사진 촬영이 취미인 친구가 율곡매를 보면서 갓 꽃망울이 벌어진 매화에 반하여 자리를 뜨지 못하고 셔터를 눌러 대는 것이었다. 광양이나 섬진강 매화 축제에 화려하게 군락을 이룬 모습만 떠올리던 나였는데, 매화나무 한 그루가 천연기념물로 지정되고 그 자태가 선비를 닮은 고상함이 있음을 처음 느끼고 알았다. 그래서 조만간 우리나라 4대 매화 여행을 하기로 마음먹었다.

우리나라 4대 매화는 강릉 오죽헌 율곡매(천연기념물 제484호), 구례 화엄사 들매(천연기념물 제485호), 장성 백양사 고불매(천연기념물 제486호), 순천 선암사 선암매(천연기념물 제488호)이다.

우선 강릉 율곡매는 수령 600년쯤 된 나무로 유독 매화를 좋아했던 신사임당과 맏딸 이매창이 그린 매화도와 율곡이 쓰던 벼루에 장식되었을 만큼 매우 아꼈던 나무로 전해진다. 수형이 아름답고 역사성과 학술 가치가 커서 천연기념물로 지정되었으나, 내가 보았을 때인 2017년부터 꽃이 감소하고 가지가 말라 죽는 현상이 나타나고 겨울 눈 무게에 가지가 부러지는 수난을 겪었다고 한다. 그러나 핀 꽃들은 탐스러운 분홍색으로 여느 매화보다 조금 큰 듯했다. 그 이후 고사 위험이 있어 보호대를 설치하고 그물막을 덮어 놓고 있는데 천연기념물 제외 판정을 고려할 만큼 거의 매화나무로서의 품위를 잃어 가고 있다는 슬픈 소식을 들었다. 해를 거듭할수록 수세가 약해져 회복 사업을 진행 중이나, 현재는 90% 이상 고사하면서 남은 수명을 연장하는 뿌리치료 등의 조처를 하고 있다는 것이다. 고사 위기의 오죽헌 율곡매가 강한 생명력으로 다시 아름다운 연분홍색 꽃을 피우기 기원해 본다.

다음 해에는 담양에 소재한 부대에서 강연해 달라는 부탁을 받고 여행 계획을 짜던 중 시기가 매화가 피는 3월 말이라 화엄사와 장성 백양사의 매화를 보리라 하고 길을 떠났다. 먼저, 구례 화엄사에 들러 천연기념물 매화를 찾았다. 천년고찰 구례 화엄사는 백제 성왕 때 창건하였으나 임진란 당시 전소되어 그 이후 중건한 절이라 했다. 절에 들어서자 기념품점 앞에 아담한 분홍 매화가 탐스러운 꽃을 피우고 있어 그 나무가 천연기념물인가 하고 갔더니 수령 300년쯤 된 나무였다. 나중에 알았지만, 이곳의 분홍매화, 각황전 앞 홍매화, 길상암 앞 백매화를 화엄사의 삼색 매화나무라 한단다. 다시 조금 더 올라가니 처연하게 붉은 선홍색의 매화가 각황전의 2층 기와를 일부 덮으며 기품 있게 꽃을 피우고 있었다. 각황전은 임진란 이후 숙종 때 지은 건물로 그때 이 매화나무도 심었다 하니 족히 500년을 견뎌 온 나무인 것이다. 봄 햇살에 붉다 못해 검다고 느꼈는데 그래서 '흑매'라고도 불린다 했다. 그런데 천연기념물 표석이 없어 지나가는 스님에게 물었더니 담을 지나 더 올라가라고 했다. 천왕문을 지나 만월당 옆에 백매화가 피었기로 이 나무가 천연기념물인가 했는데 아무 표식이 없어 사진기를 둘러맨 여행객에게 물으니 대나무 숲속에 있는 나무에 가 보란다. 길상암이 나오고 그 앞 연못이 있는 건너편의 매화인지도 모르게 길쭉하게 뻗은 나무에 작고 흰 꽃이 듬성듬성 핀 나무를 발견하여 가까이 가니 표지석이 있었다. '들매'라고 하는데 사람이나 짐승이 먹고 버린 씨앗이 자연 속에서 움터 자란 나무로 생존하기가 쉽지 않아 귀한 매화나무라 했다. 그곳에는 네 그루가 있었으나 세 그루가 고사하고 한 그루가 명맥을 유지하는데 볼품은 없었다. 그래도 천연기념물 매화와 만발한 삼색 매화를 다 본 것은 행운이라 할 만했다.

강연을 마치고 올라오는 길에 장성 백양사를 찾았다. 백양사는 백암산에 있는 백제 무왕 시절 창건한 절로 스님의 독경 소리에 백학봉의 양 떼가 자주 내려왔던 것에 기인한다고 하였다. 1947년 부처님 원래의 가르침을 기린다는 의미로 고불총림을 결성하였으며 그때부터 이 매화나무를 '고불매'라 일컫게 되었다. 고불매는 수형이 고고한 자태를 풍기며 풍성하게 꽃을 피우고 향기가 진동하는, 보기만 해도 힐링이 되는 나무였다. 화엄매를 본 지 이틀이 지났는데 꽃이 만개하여 장관을 이루고 전국에서 출사한 사진작가들이 빙 둘러 포진하고 있었다. 새벽부터 저녁까지 햇빛과 백학봉이 만들어 내는 색과 빛의 조화를 찾아 수시로 셔터를 누르는 것이었다. 어느 사진작가는 '내가 매화가 되어 나는 어떤 모습으로 어떤 향기를 풍기는 사람이 될 수 있을까?' 하면서 종일 깊은 깨달음에 다가가려는 간절한 마음으로 나무와 꽃을 보고 내 안에서 일어나는 생각을 들여다보았노라고 소회를 밝히고 있었다. 내가 간 날이 3월 그믐날이었는데 운 좋게도 그날이 고불매 축제를 하는 날이었다.

그다음 해, 막내 졸업 기념으로 큰아이는 직장 땜에 못 가고, 아내와 두 딸과 함께 호남 지방 여행을 하는 중에 아이들은 화순온천에서 물놀이를 하고 우리 부부는 순천 조계산 선암사를 둘러보았다. 선암사는 태고종 태고총림으로 유네스코 세계 문화유산 중 우리나라 산지 승원으로 지정된 절로 정호승 시인의 〈선암사〉라는 시에도 담겨 있듯이 선암사 해우소에 가서 실컷 울면 새들이 가슴속으로 날아와 종소리를 울리는 힐링하기 좋은 절로 알려져 있다. 또한, 태고종은 승려의 결혼을 허용하는데 순천, 벌교를 주 무대로 전개되는 《태백산맥》의 저자 조정래 소설가는 그의 아버지가 선암사 부주지였을 때, 이곳에서 태어났다고 한다. 선암사에는 매화나무 50여 그루가 심겨 있는데 그중 가장 수형이 좋고 수령이 오래된 각황전 담에 있는 홍매

제 1부 감사합니다 31

화 한 그루와 원통전 담장 뒤편 백매화 한 그루가 천연기념물로 지정되어 있음을 설명하는 표지석이 있었다. 우리가 간 시기가 2월 말이라서 아직 매화가 피지는 않고 꽃망울이 맺혀 터지기 일보 직전의 긴장감을 느낄 수 있었다. 3월 중순 완전히 개화된 시기에 다시 올 것을 기약하며 발길을 돌렸다.

매화는 꽃말이 '고결한 마음, 기품, 결백, 인내'라고 하는데 나도 사군자 중의 하나인 매화를 꽃도 보고 매실도 딸 요량으로 몇 그루 심었다. 그러나 우리 지역은 회남의 귤을 회북으로 옮겨 심으면 탱자가 된다는 귤화위지(橘化爲枳)의 고사처럼 환경과 조건이 맞지 않는 것 같다. 즉, 매화가 필 시기의 기온이 너무 낮은 탓인지 열매가 볼품없이 작고 수량도 적어 매년 남녘의 매실을 사서 매실청을 담글 수밖에 없다. 문헌에는 매화향이 십 리를 간다는데 내가 심은 나무는 개량종이라서 그런지 도무지 향기가 나지도 않는다. 그러면 어쩌랴. 매서운 겨울바람을 이기고 하얀 목련과 노란 산수유와 함께 어우러져 가장 먼저 봄소식을 알리는 매화는 내가 가장 좋아하는 나무 중의 하나인 것을.

소나무에 대하여

아침에 일어나니 온 세상이 백설로 덮인 가운데 앞산 소나무에 핀 눈꽃이 탐스러웠다. 어제 내린 눈이 습설, 즉 물을 많이 머금은 눈이라 소복하게 솔잎 위에 내려앉아 쌓인 것이다.

우리 집을 감싸고 있는 산은 천이가 상당히 진행되어 참나무, 상수리나무, 갈참나무 등의 활엽수가 주로 자생하고 봄에 산벚꽃이 군데군데 피거나 늦봄 밤꽃 냄새로 산밤나무가 있는 것을 아는 정도이다. 그러다가 나뭇잎이 다 떨어져 겨울 준비를 하는 산비탈에 고고한 자태를 뽐내는 노송 몇 그루가 나타나기 시작하여 녹음이 우거지기까지 나의 시선을 자주 끌어당긴다. 나뭇잎들이 나무에서 떨어져 나가

제 1부 감사합니다 33

는 가을이 되어야 비로소 공간이 확장되고 산 전체가 시야에 들어오는 까닭이다. 다시 녹음이 짙어지면 활엽수의 넓은 이파리들에 가려져 슬며시 자리를 내주고 숨어 버리곤 한다.

우리나라 사람들에게 설문 결과 가장 좋아하는 나무가 소나무라는 답변이 46%라고 한다. 하기야 "남산 위에 저 소나무 철갑을 두른 듯"에서 보듯이 애국가에도 나오는 나무이니까. 겸재 정선의 〈장안연우 (長安煙雨)〉 그림에는 남산에 우뚝 선 소나무가 그려져 있는데 지금 그 나무는 없다고 한다. 초근목피에 나오는 목피가 속껍질을 칭한 데서 알 수 있듯이 소나무는 우리 민족의 애환이 오롯이 담긴 나무이다. 그것으로 송기떡도 하고 방아에 찧어 죽을 끓여 먹기도 하여 허기를 달래며 보릿고개를 이어 갔다고 전해진다. 소나무는 새한삼우(塞寒三友), 즉 대나무와 매화와 더불어 추운 겨울의 눈보라 속에서도 그 빛을 잃지 않고 견디어 낸다고 하여 군자와 선비의 기개를 상징하기도 했다. 덧붙여서 십장생 중에도 포함되어 천 년 가까이 산다고 믿었다. 통상 육백 년 이상 사는데 미국의 무드셀라 소나무는 오천 년을 산다고 한다. 그런가 하면 안면도의 상처 입은 소나무에는 일제 강점기에 소나무 껍질을 벗기고 송진을 긁어내어 일본이 수탈해 갔다는 흔적이 남아 있기도 한다.

소나무는 육송, 해송(곰솔), 적송(금강송, 춘양목), 백송, 금송, 반송 등이 있고 통상 왜 송이라 불리는 북아프리카 원산지인 리기다소나무가 있다. 소나무는 송홧가루를 내는 꽃이 피는데 꽃말은 '불로장수'

이다. 또한, 곳곳에 소나무 관련 지명이 있는데 영월 솔고개, 강릉 송정, 청송군, 오송읍, 송추계곡과 가송리, 송계리, 삼송역 등 그곳에 자라는 소나무를 기리는 지명이 많이 있다. 울진에는 아예 옛 이름 서면을 금강송면으로 개명한 곳도 있을 정도다. 이 지역은 2022년 삼척, 울진 산불 당시 금강송 군락지를 지키려는 엄청난 노력 덕분에 다행히 화마의 희생을 바로 목전에서 면할 수 있었다. 조선 시대에는 유교의 영향으로 소나무에 대한 보호가 대단하여 국가에서 지정된 군락지를 보호하고 궁궐이나 관청을 짓는 데만 사용하도록 엄격히 통제하였다고 한다.

2006년부터 2010년 사이 진행된 경복궁 광화문 보수공사 때 문화재청에서 특별히 엄선된 지름 70㎝ 전후의 금강송 26그루를 공급하였다. 그중 대목장이던 인간문화재 신응수 옹이 네 그루를 빼돌려 대법원까지 가서 벌금형으로 인간문화재 자격이 박탈되는 아쉬운 일이 발생했다. 그분은 창경궁, 경복궁, 숭례문 등 우리나라 문화재 건물을 증·개축하는 데 거의 관여하였고 궁궐 건축 기문의 계승자로서 열일곱 살 때부터 스승을 따라 목수를 한 귀한 분이다. 후학 양성과 장차 궁궐에 쓰일 금강송을 직접 키우고 관리하는 등 많은 일을 하신 분인데 얼마나 욕심이 났으면 모든 명예와 소나무 목재 네 그루를 바꿨단 말인가? 그만큼 금강송 거목은 구하기도 힘들뿐더러 균열이 적고 아름다워 모두가 탐내는 목재인 것이다.

금강송만 귀한가? 얼마 전 소나무 한 그루가 10억에 팔렸다는 뉴스 기사를 보았다. 그뿐 아니라 전국에 문화재급의 소나무가 얼마나 많은가? 심지어 소나무 분재가 10억을 호가하고 반송도 그 가격이 되는 나무가 있다고 한다. 그렇게 볼 때 소나무의 가치는 기둥이나 대들보로 쓰이는 곧고 굵은 나무도 귀하지만 갖은 풍상과 아픔을 이겨 내고 뒤틀리며 자란 나무가 더 값을 받는 것이다. 뉴스에 나온 소나무는 자라면서 벼락을 맞았는지 눈 무게를 못 이겨 가지가 부러졌는지 중간에 꺾여 나간 흔적이 있고 그렇지 않은 쪽은 풍성한 이파리가 비대칭이 된 수형에다 나무껍질이 거북 등을 닮은 아름다운 나무였다. 특이한 나무로 치면 공주 오룡저수지에서 자라는 적송과 육송이 감고 올라간 연리지 소나무도 있고 충주 마즈막재를 올라가다 보면 '김연아 나무'라는 피겨 스케이팅의 레이백 스핀 동작과 유사하게 가지가 올라가는 나무도 있다. 귀한 대접을 받는 나무 중에는 해금강 바위틈의 소나무나 산 정상에서 바람을 이기며 기울어져 자라는 나무, 중간부에 상처를 입고 누워 자라다가 다시 일어선 나무, 병이나 해충에 시달려 많은 옹이를 달고 엉키고 굽어 자란 나무 등 상처와 아픔을 견뎌 내며 자기만의 독특한 자태를 가진 나무들이다. 물론 정이품송처럼 이름을 가진 나무도 있지만, 어느 산 어느 바위틈에서 인고의 세월을 견디며 크는 이름 없는 나무도 그 가치가 돋보이는 것은 우리 삶과 닮았기 때문일까?

최근 10년 전부터 울진 금강송 군락지에서 고사목이 발견된 이래 최근에는 삼척과 설악산까지 확대되고 고사목 군락지도 생겨나고 있다고 한다. 이를 조사한 결과 바이러스 전염이나 재선충에 의한 고사는 아닌 것으로 판명이 났고 가장 유력한 원인이 지구온난화와 같은 기후변화로 짐작한단다. 자연의 생명이 살지 못하는 곳에서는 인간도 살기 어렵다는 말이 있듯이 그에 대한 대책이 시급한 실정이다.

유구한 역사와 함께 우리 민족의 기상과 닮아 우리 곁에서 사랑받아 온 소나무가 온 산천에서 무럭무럭 자랄 수 있게 산불을 조심해야겠고, 환경 지킴과 방재에도 관심을 두고, 아끼고 보호하는 마음을 다 같이 가져야겠다. 굽은 나무가 고향을 지킨다는 옛말과 같이 굽은 나무가 더욱 귀한 대접을 받는 현실을 보면서 어렵고 힘든 환경 속에서도 아프지만 아름답게 커 가는, 사람들이 귀하게 대접받는 사회가 되기를 바란다.

감사합니다

세상에서 행복한 사람은 지금 현재의 자신을 사랑하고 현재 있는 그대로의 삶을 감사하며 사는 사람일 것이다. 그래서 '나는 행복한 사람인가.' 하는 화두로 자신을 돌아보았다.

나는 풍족하지 않은 가정의 둘째로 태어나서 좋은 옷을 입고 살진 못했어도 부모님의 사랑을 받으며 자랐다. 공부하는 머리를 물려받아 밤새워 노력하지 않아도 늘 상위권의 성적을 유지했고 세상을 긍정적으로 생각하는 낙천적인 성격도 물려받았다. 게다가 종아리가 가늘고 발바닥에 군살이 없어 군 생활 내내 군장 메고 달리기나 장거리 행군을 남들보다 잘할 수 있었다. 어지간한 훈련도 어렵지 않게 느껴진 것은 어릴 때부터 산을 타고 놀았던 기질과 꽤 먼 길을 걸어 학교에 다니면서 숙달된 다리 힘이 있어서일 것이다. 학교 다니면서 딴짓을 할 수 없었던 것은, 성적이 좋아야 장학금을 탈 수 있고 내 인생을 스스로 개척할 수 있다고 믿었기 때문이었다. 가난하다는 것은 선택의 폭이 좁다는 단점, 즉 자기가 하고 싶은 것들을 맘대로 다 하지 못하고 그 형편에 맞게 자신을 맞추어 살아야 하는 것 등은 불편하지만, 불행한 것은 아니라고 생각한다. 남을 배려하는 겸손한 성품을 갖게 하고 작은 베풂에도 감사함을 알게 하며 힘든 일이 닥쳤을 때도 참으며 견디는 내공이 쌓이는 장점이 있다. 어려운 살림에도 자식이 우선이셨던 부모님께 감사한 마음인데 다 돌아가셔서 전할 곳이 없다.

나는 훌륭한 선생님을 많이 만나는 행운도 가졌다. 그중에 평생 봉사활동을 하시며 중증장애인 시설인 '나눔의 집' 원장을 하셨던 박 선생님은 잊을 수 없는 은인이다. 고등학교 진학을 포기하고 있을 때 우리 집에 찾아와 입학금을 책임지고 수업료도 어떻게 해서든 마련할 방도가 있을 테니 일단 입학을 시켜 달라고 아버지를 설득하러 오셨었다. 아버지는 눈물이 그렁그렁한 눈으로 "그러마."라고 허락하셔서 오늘의 내가 있게 한 분이다. 그 후에도 내가 성장하면서 물심양면으로 많은 은혜를 입었으니 정말 감사하다. 정작 본인은 멈추었던 숨이, 기도하며 하나님께 매달릴 때 터지는 기적을 경험할 정도로 심한 병을 앓아 죽음 직전까지 갔을 만큼 건강이 안 좋았음에도 평생 남을 도우며 사신 분이다.

군 생활을 하면서, 많은 부하를 혼자서 돌볼 수 없음에 그들의 발길마다 보호해 주고 지켜 주기를 기도하였다. 그래서인지 지휘관 시절을 큰 사건 사고 없이 마칠 수 있었다. 이임사에서는 항상 감사하고 감사하다는 인사를 했다. 그 어렵고 힘든 속에서도 잘 참아 준 젊은이들이 고맙고 나이 어린 지휘관을 정성껏 보좌해 준 부사관들도 고마웠다. 특히, 임관으로 따지면 한참 선배인 예비군 지휘관들이 잘 따라 주고 도와주었을 때 정말 감사했다.

주말마다 어린아이들을 데리고 전방까지 찾아와 준 아내는 그중에 가장 고마운 사람이다. 아내는 '남자의 지갑이 비면 마음이 멍든다.'라는 생각을 가지고 항상 지갑을 채워 주었다. 그 덕분에 부하나 후배들에게 밥을 얻어먹지 않고 내가 사는 복을 누려 왔다. 아내의 첫 시집 《늦둥이》의 마지막쯤에 가족의 축하 메시지가 수록되었는데 "살아오면서 하나님께서 주신 감사할 일들이 무수히 많은 가운데 으뜸은 안윤희 시인과 함께할 수 있게 하심입니다."라고 써서 활자화되었다.

세 딸이야 말해 무엇하랴. 아이는 태어나서 일 년 내에 평생 할 효도를 다 한다는 말이 있다. 탄생부터 감사하고, 크면서 방긋 웃는 모습은 감사 그 자체이다. 바쁜 군 생활로 많이 떨어져 살았고 이사를 자주 다니면서 학교도 옮겨야 하는 미안함도 있었지만 잘 자라 주어 감사할 따름이다.

시골에 들어와서는 자연에 감사할 일들이 매일 생겨난다. 비와 햇볕, 이슬과 물기 어린 정원과 산, 졸졸 흐르는 냇물과 형체를 수시로 바꾸는 구름, 서리와 상고대, 눈과 눈꽃, 달, 별, 은하수 등등 감탄하고 감사할 것이 정말 많다. 엊그제는 지난봄에 심었던 수선화가 작년 장마 전에 시들어 다 말라 죽었는 줄 알았는데 삐죽이 싹 대를 내미는 것을 보고 얼마나 감탄했는지 모른다. 지난해에는 둥굴레가 심은 지 일 년 만에 살아나서 나를 놀라게 하더니 자연의 신비는 알다가도 모를 일이다. 게으른 농부를 만나 속이 덜 찬 배추를 골라 백김치를 담가 땅에 묻어 두었다가 꺼냈는데 표현하기 어려울 정도로 맛이 들어 친구들과 지인들에게 나누어 주었다. 그들에게 감사 인사를 받으며 덩달아 행복함을 느꼈다.

얼마 전 월정사 템플스테이를 친구들과 함께 간 적이 있다. 자신이 참으로 누구인지 발견하기 위한 내적인 성찰을 시작하고 이 여정의 곳곳에서 마주친 뜻밖의 기쁨에 감사했다. 어릴 때부터 함께한 친구가 있다는 것에 감사했고 그들에게 신세도 많이 졌지만 어렵고 기쁠 때 항상 함께 있었다는 것이 더 고마웠다. 우연히 기억에도 없는 사진 속에 그들과 함께 있음을 발견했을 때는 경이롭기까지 했다. 타고르는 감사의 분량이 행복의 분량이라고 했는데 난 참 행복한 사람임을 느꼈다. 청량한 산사의 아침을 깨우는 종소리는 더없이 그윽했고 아름드리 전나무 숲에서 묻어 들어오는 피톤치드의 신선한 공기는 마음마저 맑게 했다.

감사하는 사람은 어떤 것도 당연하게 여기지 않는다고 한다. 결코,

무덤덤하거나 무관심해서는 느낄 수 없는 감정이다. 지휘관을 하면 많은 부하와 함께 있으므로 외롭지 않을 것 같은데 실상은 고독한 삶이다. 혼자 있는 시간이 많고, 함께하지만 결심하고 결정해야 하는 일들은 지휘관 고유의 몫이기 때문이다. 관사로 퇴근해도 늘 혼자이다. 그래서 좌우명도 '신독(愼獨)'으로 정했는지 모른다. 그런데 지금 얼마나 좋은 훈련이었는지 새삼 느끼고 있다. 아무리 부부가 함께 산다고 해도 산속에서 전원생활을 하니 혼자일 때가 많은데 전혀 외로움을 느끼지 못하고 잘 살기 때문이다. 자기만의 세상을 즐기는 여유란 누려 본 사람이 아니고는 알지 못할 듯하다.

이 글은 짧게 마무리하고자 계획했는데도 길어졌다. 너무 늘어놓으면 자랑이 될 듯해서이다. 다 하지 못한 부분은 살아가면서 항상 감사하자. 최기동 할아버지의 "얻어먹을 힘만 있어도 하나님의 은총"이라는 말이 새삼 와닿는다.

건이 아빠

이천에 가면 '산모퉁이 돌아 들꽃 피는 집(식당 이름)'에 후덕한 부부가 산다. 남편인 건이 아빠는 내 아내와 어린 시절 같이 자란 동창이고, 그의 아내는 후배로 시를 쓰는 감성적인 아낙이다. 그 부부는 형제들이 편리한 도시 생활을 할 때, 부모님에게 물려받은 땅을 묵묵히 가꾸며 소를 키우다가 효자는 하늘이 돌본다고 축산파동이 일어나기 직전 정리하고는 축사를 손수 황토 집으로 개조한 다음 나무와 꽃들이 예쁜 마당을 살려 토속 음식점을 차렸다. 마당 한쪽에서 숯불로 구워 내는 바비큐에 텃밭에서 뜯은 채소를 내고 손님들이 원하면 토종닭 백숙도 하는 메뉴판 없는 식당이다. 그렇게 평생을 고향 마을을 지키며 인심 좋은 이웃으로 살아오고 있다.

건이 아빠를 처음 만난 것은 내가 전역하여 여주에 정착하고 얼마 안 되었을 때이다. 고향 친구 아들이 군대에 입대했는데 외아들이라 걱정을 많이 하니 안심시키는 방법이 없겠냐고 아내가 조심스레 물어 왔다. 평소에 내가 가장 싫어하는 일인 줄 알면서 말이다. 마뜩잖아하면서도 주소나 알아보라고 했더니 서너 달 전에 전주에 갔다 오다가 지휘관과 참모들 밥을 사 주고 온 아끼는 후배가 지휘하는 부대였다. 후배에게 전화해서 자초지종을 말한 다음 혹시 만나게 되면 등이라도 두드려 달라고 부탁했다.

그러고 나서 며칠 후 건이 부모가 우리 집에 놀러 온다는 것이었다. 나는 그때 처음 그 부부를 보았는데 인상이 착해 보였다. 흔히, 법 없이 살 사람이라고 하는데 요새같이 험한 세상에서는 법으로 지켜 주어야 할 사람들이었다. 그러면서, 고마워서 인사를 왔다는 것이다. 즉, 연대장이 훈련장에 현장지도를 와서 건이를 불러 잘하라고 격려하며 안아 주는 사진을 메일로 보내 주었다는 것이다. 정말 안심이 된다고 연신 고마움을 표하는 것이었다. 속으로 '그 후배 감각 있네.' 하면서 좋은 지휘관을 만난 것은 건이가 복이 많아서 그런 거라고 달래서 보냈다. 얼마나 마음에 와닿았으면 건이가 첫 휴가를 나온 다음 날 그를 데리고 인사를 시키러 왔다. 자대 배치를 통신부대로 받았는데 다 내 덕인 거로 생각하고 있었다. 전자과 출신이니 당연한데도 순박한 부모는 마치 특혜를 입은 양 고마워하는 것이었다. 요사이는 공개적으로 전 병사가 보는 앞에서 컴퓨터로 추첨하여 자대 배치를 한다는 것을 자세히 설명해야 했다.

그 후에도 알을 품고 있는 어미 닭을 밤중에 싣고 와서 키우라고 하지 않나, 고추 건조할 때는 자기 것보다 우리 일정에 맞추어 건조해 주지 않나, 갈 때마다 맛있는 먹거리를 대접하는 등 돈독한 관계를 유지하고 있다. 그러던 중 건이 엄마가 코로나-19 백신 후유증인 길랭·바레 증후군에 걸려 장기간 입원하는 우환이 생겼다. 내 아내는 혼자 있는 건이 아빠에게 육개장과 반찬을 해서 위문을 하러 갔는데 얼굴이 반쪽이 되어 그동안 아내 고생시킨 얘기를 하면서 눈가가 촉촉해지더란다. 워낙 금실 좋은 부부이고 떨어져 살아 본 적 없는 데다 면회도 되지 않으니 걱정이 많았을 게다. 건이 엄마가 퇴원 후에도 소꼬리를 삶아 한 번 더 위문하러 갔었다.

건이 아빠를 생각하면 나이 들어 행복하게 사는 많은 조건을 갖추고 있다. 얼마 전에 우리 집에 놀러 왔을 때 튼튼한 외제 지프를 타고 와 자랑했다. 사위가 사 주었다고. 그러면서 사위가 딸보다 여러 조건이 부족하고 어려웠음에도 불구하고 딸을 진심으로 사랑하는 마음과 성실함을 보고 결혼을 시켰는데 자리를 잡았고 처가에 잘한다는 것이다. 그에게는 어려운 이들을 보듬어 함께하는 삶의 자세가 몸에 배어 있는 듯하다. 항상 자식들이나 친구, 이웃과 친밀한 관계를 유지하고 뭐라도 더 주려고 한다. 식당 손님들한테도 자신의 밭에서 푸짐하게 가져와 대접한다. 그를 보면 욕심이 없어 항상 손해 볼 듯하게 사는데 꼭 그렇지만은 않다. 지역이 개발되면서 땅값이 많이 올라 빚도 다 갚고 살 만하다고 했다. 자식들도 간섭이 아닌 능력껏 지원해 주었더니 다 제 갈 길을 성실히 가고 있단다.

우리 부부와 만나면 내가 계급이 더 올라가지 못한 것에 대해 위로한다. 높은 자리에 있는 사람 중에 그 자리답지 않은 이를 많이 보았노라고. 더 오르려고 애쓰다가 마음 다친 이도 많이 보았노라고. 하기야 치열한 경쟁을 뚫고 오르려는데 독한 마음 품지 않으면 어려울 것이다. 평생 좌익에 서서 농민운동을 했던 전우익 씨는 이렇게 말했다.

"사장, 회장 되고 더 올라가면 송장 되는 거여."

그러면서 나보고 더 행복해지기 위해 일찍 전역한 거라고, 지금 사는 모습 보면 아주 행복해 보인다고 덧붙인다. 평생 고생하며 농사짓고, 식당 하며 힘들게 사는 그가 나를 위로한다.

40세가 넘으면 불혹(不惑)이라 하고 자기 얼굴에 책임을 지는 나이라 한다. 나이 따라 얼굴에 주름이 지는데 건이 아빠를 보면 눈 주위부터 웃을 때 생기는 주름으로 가득하다. 농부들은 햇볕 자외선에 노출되고 노동 강도가 높아서 나이에 비해 빨리 주름이 지는데 그는 보기 좋을 만큼의 얼굴을 하고 있다. 아니, 머리숱만 풍성하다면 훨씬 젊어 보일 얼굴이다. '나 거짓말 못 해요.' 하는 표정이 얼굴에 쓰여 있다. 그것은 긍정적 삶의 태도에서 나온 모습이다. 좋은 대인관계는 육체뿐 아니라 뇌에도 영향을 미친다는 연구 결과가 있는데 그를 두고 하는 말일 게다. 하루에 아기는 4백 번 정도 웃는데 어른들은 스무 번 이하로 웃는단다. 그런데, 그는 볼 때마다 싱글벙글한다. 사람마다 자기 그릇이 있고 몫이 있는데 그는 남의 몫을 기웃거리지 않고 비교하지 않고 살아온 결과일 것이다. 처음부터 행복하게 태어난 사람이 몇이나 있겠는가?

많은 이들이 행복을 이야기할 때 돈이나 사회적 지위를 생각하고 인생의 목표가 부자가 되는 것이라 착각하고 산다. 건이 아빠를 보면 행복은 사회적으로 친밀한 인간관계를 유지하면서 긍정적인 삶의 태도를 보이는 것이라 여겨진다. 덧붙여 원만한 결혼 생활과 건강을 유지하는 것임을 알 수 있다. 많이 배운 사람이 잘 사는 것이 아니라 잘 사는 사람이 많은 교훈을 남긴다. 그렇게 이천 시골 마을에는 중학교 교과서에 실린 '나다니엘 호손'의 '큰 바위 얼굴'이 살아가고 있다.

누구와 맛있는 밥을

요사이는 전국에 맛집이 넘쳐난다. 인터넷에 남겨진 후기도 많고 각종 방송에서 '먹방' 촬영이 대세다 보니 어지간한 집은 방송을 타는 듯하다. 지내 놓고 나면 어디서 누구와 맛있는 밥을 먹은 기억이 가장 오래 남고 그걸 그리다 보면 군침이 돌면서 입가에 저절로 미소가 번진다.

어릴 때 어머니는 강원도 분이라 두부와 식해를 잘 만드셨다. 아버지에 대한 기억은 소 팔러 가서 사 주시던 우전 뒷골목 가마솥에서 설설 끓는 국밥이다. 장모님은 들깨보숭이와 크림치즈 스파게티, 장인어른은 토종닭 백숙과 복어 맑은탕이 기억되곤 한다.

48 계급장 떼고 10년을 살아 보니

음식은 처음 맛보았던 기억이 달콤한 첫사랑의 키스처럼 오래도록 뇌리에 남는다. 고등학교 시절 문화방송에 장학금을 받으러 갔을 때 고등학교 선배 기자가 숯불구이를 사 주었다. 내가 먹어 본 소고기는 주로 국이었고, 불고기나 잔칫집에서 본 산적이 전부였는데 소고기를 숯불에 구워 바로 먹었던 것은 그때가 처음이었다. 한번은 학교까지 찾아와서 시청 뒤로 데리고 나가 삼계탕을 먹여 주었다. 닭은 주로 백숙이나 뭇국으로 먹었는데 처음으로 혼자 한 마리를 독식한 것이다. 생도 1학년 시절 분대 회식할 때 먹던 통닭도 맛있었고 진해 해군사관학교 견학 갔을 때 만난 고등학교 동기와 먹던 찜닭도 새로운 맛이었다. 대관령 자락에서 가마솥에 끓인 토종닭 백숙에 산에서 따온 머루로 담가 진하다 못해 걸쭉하게 나오는 머루주를 곁들여 사촌 형들이랑 먹었던 기억도 오래간다.

아내와 연애하던 시절, 자취방에 초대받아 '셀러리 보트 샐러드'라는 음식을 처음 먹어 보았다. 옴폭하게 들어간 셀러리 사이로 달걀 흰자위와 노른자위를 따로 소스에 버무려 넣은 음식인데 신선하고 맛있었다. 아내가 라디오 방송국에 써낸 글이 당첨되어 받은 초대권으로 '리버'라는 유명한 스테이크집에 간 적이 있었다. 핏물이 흐르는 소고기를 처음 먹었는데 '이렇게도 먹는구나.' 하는 색다른 경험을 했다. 보병학교가 광주에 있을 때 도청 뒤에서 먹었던 장어 스테이크도 잊을 수 없는 맛이었다. 몇 번을 찌고 굽기를 반복하여 무쇠로 된 1인용 접시에 내놓았는데 혀에 녹을 만큼 부드럽고 맛있었다.

제 1부 감사합니다 49

중대장 시절 아내의 방학 기간에 속리산으로 여행을 갔었는데 그 때 들렀던 '경희식당'의 40첩 반상 한정식도 오래 기억에 남는다. 초 대 남경희 할머니의 이름에서 따온 식당인데 그분은 궁중 요리와 반 가 요리, 서민 음식을 다 잘해 요리책도 쓰신 분이라 했다. 아내의 말 을 빌리면 아주까리 묵은 잎 등 나물 종류는 나물마다 고유한 맛과 향을 살리기 위해 양념과 간을 최소화했고 육류와 생선도 제 가진 맛 그대로 살려 심심하게 요리함으로써 그 많은 반찬이 다 어우러지는 조화를 이루었다. 제 작년에 갔을 때는 3대 손녀가 운영하고 있었다.

내가 회를 처음 먹은 것은, 육사 합격했다고 큰댁에 인사를 드리러 갔을 때이다. 사촌 형과 간 곳은 강릉에 있는 남애항이었고 여러 가 지 회가 나왔지만 기억나는 것은 오징어를 썰어 밥에 비벼 먹은 것 이다. 아직 회에 대한 맛을 모를 때였다. 이후 전방에서 매달 한 번씩 춘천으로 예비군 자원관리 업무차 출장 가던 시절에 사단 참모가 춘 천댐에서 향어회를 사 주었다. 질긴 듯한 식감에 씹히는 고소한 맛이 일품이었다. 그 맛을 못 잊어 대청댐에서도 향어회나 쏘가리회를 먹 었었다. 휴가를 받아 평창 미탄에서 가족들과 맛보았던 송어회의 첫 맛도 부드럽고 고소했다. 송어 양식장에서 팔딱이는 고기를 건져 올 려 바로 잡아 주었으니 싱싱함이야 보증된 것이 아닌가?

본격적인 회 맛을 안 것은 당진에서 대대장 근무할 때였다. 수협 조 합장이 가족과 떨어져 혼자 내려와 있었는데 가끔 나를 불러내었다. 실치회, 우럭, 농어 등 제철에 잡히는 생선을 어촌계가 있는 작은 포구에서 먹었는데 갓 잡아 올린 생선이라 육질이 탱글탱글했다. 회를 한입 가득 먹음직스럽게 넣어 포식했던 기억이 새롭다. 정책부서에 있을 때는 제주도 출장을 가서 다금바리는 너무 비싸고 구하기도 힘들어 흑돔회를 대신 먹었는데 깊은 바다에서 자란 생선이라 그런지 고급스러운 풍미가 입안을 가득 맴돌았다.

지금은 거의 볼 수 없지만, 90년대 전후로 녹용과 고기를 얻을 수 있는 사슴 농장이 번성했던 시기가 있었다. 산속에 있는 식당에 가면 육회와 샤부샤부, 전골을 맛볼 수 있어 가끔 갔던 기억이 있다. 그렇게 맛있다고 느끼지는 못했지만 대단하게 보신한다는 생각으로 먹었던 것 같다. 한 마리를 통째로 사서 친구들과 부부 동반으로 농장을 찾아갔던 적도 있다. 수육과 전골 등으로 배불리 먹고 사전에 부탁한 육골즙 한 상자씩 가져왔다. 언제부터인가 사슴이 거의 사라진 틈을 흑염소가 대신하기 시작했다. 독특한 노린내와 까다로운 조리법으로 인해 전문 식당에서 가끔 먹었는데 시골에 정착한 친구가 흑염소를 잡았다고 초대받은 적이 있다. 가마솥에 대파와 마늘, 생강 등 냄새 제거용 양념을 넣고 푹 삶아 특유의 냄새가 거의 나지 않았다. 추가로 솔잎 다발을 넣은 게 그 친구의 비법이었다. 댓 명이 밤늦게까지 술을 곁들여 먹으며 떠들었는데도 술에 취하지 않았던 것은 안주가 받쳐 주었기 때문이리라.

기억에 오래 남는 음식 중 용봉탕을 빼놓을 수 없다. 지루한 휴일 오후에 낚싯대 두 개를 들고 가서 물에 담가 놓았다. 당시는 물이 빠지는 시기라 고기가 예민해져서 거의 기대를 안 하고 있었다. 한참을 이 생각, 저 궁리하며 넋 놓고 있던 때 낚싯대 하나가 슬금슬금 물로 들어가는 것이었다. 얼른 붙잡아 끌어내었지만, 바닥의 수초에 걸린 것인지 나무토막이 걸린 것인지 딸려 오기는 하는데 종잡을 수 없었다. 한참을 씨름한 끝에 뭍으로 올라온 것은 솥뚜껑만 한 자라였다. 덜컥 겁이 나서 놓아주려고 하는데 우연히 지나가다가 이를 본 부대장이 주임원사를 부르더니 잡아가라는 것이었다. 그렇게 하여 토종닭에 표고를 넣은 용봉탕이 탄생하였는데 남들은 신비의 맛이라며 잘 먹었다. 그런데 나는 첫 숟가락을 뜨자마자 비릿한 냄새가 올라와 더는 먹을 수 없었다. 자라에 대한 경외감에 내 몸이 반응한 듯했다. 그 이후에도 용봉탕은 먹지 못하는 음식이 되었다.

군 생활하면서 또 하나의 행복은 전국을 다니며 맛집 기행을 할 수 있다는 점이다. 그 맛있는 음식을 좋은 이들과 함께 누린 것이 큰 행복이었다. 그러나 지금은 아내의 음식 맛에 길들어서 집밥이 가장 맛있다.

음식의 내공

우리는 생명으로 잉태한 엄마 배 속에서부터 죽음에 이르기까지 먹어야 산다. 언제나 누군가의 고귀한 수고로움이 더해진 음식을 끼니때마다 대하며 살고 있다. 음식을 먹을 때, 뇌에서 발생하는 행복감으로 지속적인 에너지를 섭취함으로써 생명을 유지한다고 한다. 그리하여, 곡기를 끊을 때 우리는 이 세상 사람이 아니라고 얘기한다. 공기처럼, 물처럼 차려진 밥상을 받아 온 내가 직접 부딪혀 보고 절실히 깨달은 것은 음식을 만드는 이들의 정성과 그 음식에 담긴 내공이다.

나는 지금까지 어머니로부터 아내, 취사병, 조리원, 요리사 등으로

제 1부 감사합니다 53

부터 만들어진 음식을 받아만 먹고 살았다. 나 스스로 만들어 먹은 음식이라고는 라면과 찌개 정도가 고작이었다. 그래서 전역 후에는 내가 직접 음식을 하여 아내와 자식, 우리 집을 찾는 이들을 행복하게 해 주겠다는 원대한 포부를 품고 요리학원에 등록하였다. 오전에 한식 조리 두 시간, 오후엔 양식 두 시간을 3개월 동안 열심히 배웠다. 집에 와서는 아내에게 지도를 받고 복습도 하여 나름, 요리 강사로부터 잘한다는 칭찬도 받아 가며 이론과 실습을 반복했다.

3개월 동안 50여 가지의 한식 요리를 실습했는데, 모르면 용감하다고 했던가? 조금 알기 시작하니 음식 조리의 세계가 무궁무진하다는 것을 실감하면서 점점 자신감이 떨어지기 시작했다. 겨우 기억나는 거라고는 고추장 갖은양념과 간장 갖은양념을 만드는 것이었는데, 실제로는 매실청이나 표고, 들깻가루, 깨소금, 참치액젓 등 각종 양념이 추가되어야 맛이 난다는 것을 알았다. 게다가, 나물 무치는 때에도 나물 특유의 향과 맛을 내기 위해 양념을 다양하게, 또는, 많이, 적게 사용하는데 그 감을 초보가 어찌 알겠는가? 우선 칼질이 어려웠다. 길이 맞춤부터 돌려 깎기, 채썰기, 깍둑썰기, 어슷썰기, 다지기 등 칼을 처음 다뤄 보는 나로서는 통일성 없이 들쭉날쭉, 둥글납작, 가지가지의 모양이 나왔다. 옆에 같이 배우는 주부들의 리듬감 있는 칼질에 주눅도 들고 속도에도 차이가 났다. '첫술에 배부르랴.' 하며 따라 하긴 했지만, 왠지 나의 길이 아니라는 생각이 자꾸 들었다.

그래도, '칼을 뺐으니 무라도 자르자.' 하는 심정으로 한식조리기능

사 자격시험을 보기로 했다. 이론은 공부 머리가 있으니 쉽게 통과하고 문제는 실기시험이었다. 난생처음 하얀 조리복과 앞치마, 모자를 쓰고 한국산업인력공단에 있는 조리시험장에 들어가니 고수들이 다 모인 듯하여 기부터 죽는 느낌이었다. 53가지 실습 요리 중 무숙장아찌와 칼국수가 출제되었다. 재료부터 나름 가지런히 다듬어 썰어 놓고, 멸치 머리와 내장을 빼서 파, 마늘을 넣어 육수를 내는 사이 국수 반죽을 해서 비닐봉지에 넣어 두었다. 무를 간장에 절여 짠 다음 간장에 조리면서 갖은양념을 준비하여 넣고 나머지 재료들을 볶아 무숙장아찌를 완성할 때까지는 잘 진행되었다. 이제 칼국수를 밀기 위해 밀가루 반죽을 꺼냈는데 아뿔싸! 진짜 내 길이 아닌가 보다. 반죽이 질어 밀 수가 없었다. 시험 감독관에게 사정해 보았지만, 형평에 맞지 않는다며 매몰찬 답변만 돌아왔다. 집에 오니, 아내와 딸이 실실 웃으며 핀잔을 주는데 덩달아 헛웃음으로 대처하는 수밖에. 그래도, 가장 큰 소득은 음식은 단기간에 되는 게 아닌, 오랜 내공이 쌓여야 만들어진다는 것을 배웠다.

결혼 전 인사차 처가에 방문했을 때, 장모님은 갈비찜부터 여러 가지 요리를 정성껏 준비해 놓으셨고, 그중에 들깨송이부각을 처음 먹었다. 여물기 전에 들깨가 들어 있는 송이를 따다가 찹쌀 풀에 적셔 말린 다음 튀겨 내기까지 보름은 족히 걸려야 먹을 수 있는 귀한 음식인데 그 고소함과 바삭함을 잊을 수가 없다. 연천에서 지내실 때는 틈틈이 도토리를 따다가 껍질을 벗기고 말려 방앗간에서 빻아 도토리묵을 쑤셨다. 차진 도토리묵을 송송 썰어 육수를 부은 묵사발을 만들어 주셨는데 세상에나 도토리묵이 이렇게 맛있는 음식인지 그때 알았다. 두 달은 족히 걸려야 맛볼 수 있는 음식이었다. 사위가 온다고 씨암탉을 잡아 털을 벗길 때, 세 살이던 큰딸이 '닭이 목욕한다.'라며 깔깔대던 게 기억에 남는데 일 년은 족히 정성스레 키운 닭이었다.

공주에 살 때 관사 옆 언덕에 씀바귀가 작은 싹 대를 올리기 시작했다. 아내가 그 부드러운 싹을 잘라 양지 수육에 버무려 정성껏 상차림을 한 다음 가까이에 사는 동료들을 초대하여 술과 곁들여 먹었는데 생전 처음 먹는 음식이라고 맛있어하던 기억이 난다. 시골에 들어와 아내가 하는 꼬리곰탕을 도와줄 때 일이다. 소꼬리를 사다가 핏물을 빼고 가마솥에 달이는데 초벌 물을 버리고 다시 장작불 조절을 해 가며 여섯 시간쯤 삶았다. 바깥에 솥을 두고 잔 그다음 날, 위에 굳은 쇠기름을 걷어 내고 고기는 고기대로 뼈를 발라 담고, 육수는 별도로 담아 주변에도 나누어 주고 며칠을 맛있게 먹었다. 꼬박 하루가 넘는 시간이 필요한 음식이었다. 철 따라 각종 나물은 장아찌를 담그는데, 봄에는 머위, 곰취, 어수리, 명이나물, 두릅, 엄나무 순 등을 담고 여름에는 마늘종과 마늘, 오이, 깻잎 등을 담갔다. 가을이 되면 산초, 버섯, 더덕 등도 장아찌로 재탄생하는 모습을 보며 일 년 내내 풍성한 밥상이 그냥 얻어지는 것이 아님을 알았다.

평생을 음식 만들기에 바친 어느 명장의 말처럼 음식은 내공이 쌓이고 세월이 묻어야 손맛이 붙는데, 대대로 내려온 비법까지 더해지면 훌륭한 밥상이 되는 거란다. 음식은 정성이고, 마음가짐이며, 만드는 이의 혼이 서린다는 것이다. 그러니, 나는 보조 역할에 충실할 수밖에 없고, 그나마 늦게 철이 들어 뒤치다꺼리와 설거지가 내 천직인 듯 열심히 한다. 처음 품은 나의 원대한 포부는 초라하게 마무리가 되었지만, 음식을 대하는 태도만큼은 변한 게 사실이다. 그렇게, 음식 만들기 보조를 자처하며 맛있게 먹어 주는 역할에 충실하며 살아갈 것이다.

스케이트의 추억

얼마 전 1984 로스앤젤레스 올림픽 여자농구 국가대표로 은메달을 땄던 김영희 선수가 거인병으로 불리는 말단비대증과 여러 합병증으로 오랜 투병 끝에 별세했다는 뉴스를 접했다. 그때, 갑자기 김영희 선수가 뇌리에서 스쳐 갔다.

나는 생도 4학년 시절 중대 대항 스케이트 시합에 대비하여 태릉국제스케이트장으로 연습을 나간 적이 있다. 우리 생도들이 열을 맞추어 허리를 굽혀 빙판을 질주하는데 갑자기 큰 엉덩이 여럿이 나타나 앞을 가로막는 것이었다. 옆으로 피해 뒤돌아보니 눈에 익은 박찬숙 선수와 김영희 선수 등이 보였다. 휴일이라 국가대표 여자농구팀이 가까운 올림픽 선수촌에서 놀러 나온 듯했다. 익숙하지 않은 스케이트를 신고 서로 팔을 붙잡고 서서 타는데 2m가 넘는 키에 스케이트 높이까지 합하니 대단히 커 보여서 한참을 올려다보아야 했다. 얼마나 충격적인 풍경이었으면 40년이 훌쩍 넘은 일인데 기억에 생생할까?

우리가 어렸을 적에는 논에 물을 대어 스케이트장을 만들고 스피커에 노래를 틀고 만국기를 걸어 흥을 돋우면서 얼마씩 입장료를 받고 운영하던 곳이 동네마다 있었다. 어묵과 붕어빵을 팔아 요기도 하면서 한나절 보내기에 안성맞춤인 곳이었다. 실제 스케이트가 귀한 시절이라 스케이트를 타는 이는 많지 않았고 철사를 구부려 만든 앉아 타는 썰매가 대부분이었다. 그때는 심지어 달천강이나 야트막한 한강도 얼어 건너다니거나 서로 끌어 주고 밀어 주면서 놀이터 삼아 놀았던 추억이 있다.

생도들은 의무적으로 스케이트를 구매하여 겨울 스포츠로 배우는데 개인 차이가 심했다. 일단 제주도나 남녘 생도들은 얼음판을 구경하지 못하고 커서 그 자체가 생소했을 것이다. 또한, 당시 스케이트가 대중화되기 전이라 많은 이들이 처음 스케이트를 신어 보니 못 탈수밖에 없었고 나도 그중에 한 명이었다. 한편, 일찍 스케이트를 배워 온 생도들은 날쌘돌이처럼 질주하는데 부러움의 대상이었다. 특히 우리 중대에 선수급 생도들이 많아 3학년 때는 시합에서 종합 우승을 했다. 3학년 때까지는 이렇게 잘 타는 소위 선수 생도들 위주로 중대 대항 시합을 했는데 우리가 4학년 때는 건제 단위로 선수를 임의 선발하는 것으로 규정이 바뀌었다. 그러니 그때까지 별로 관심을 두지 않았던 많은 생도 발등에 불이 떨어졌고, 전통을 이어 가야 한다며 우리 중대는 얼음이 얼기 전 지상훈련부터 법석을 떨었다.

나는 직선주로에서는 넘어지지 않고 타는데 코너를 도는 기술을 습득하지 못한 중급 정도의 수준이었다. 게다가 지금의 아내와 사귀고 있을 때인데 후배 생도인 사촌 동생이 하는 말이 누나는 어릴 때부터 스케이트를 탔다고 했다. 만나서 확인해 보니 초등학교 5학년 때 아버지가 스케이트를 사 주어 타 보았다는 것이다. 그래서 휴일에 태릉 국제스케이트장에서 데이트 약속을 하였다. 나에게는 두 가지의 난제가 앞에 있는 꼴이었다. 그해 겨울방학은 시골에 내려와 새벽부터 저녁때까지 스케이트장에서 살았다. 코너에서 숱하게 넘어지고 구른 결과 서서히 자신감이 생기기 시작했다. 그리하여 방학이 끝나고 태릉 스케이트장에 갔다가 김영희 선수를 만난 것이다. 일정이 맞지 않아 빙상장 데이트는 끝내 못 해 보고 졸업을 하였다.

한여름에 전방 소대장으로 부임하고 나서 겨울이 가까워질 무렵 스케이트 선수 선발이 있었다. 그 당시는 사단에서 주최하는 연대 대항 스케이트 시합이 겨우내 가장 큰 지휘 관심사였다. 나는 소대장 대표로 선발되어 지상훈련부터 새벽 훈련, 오전, 오후 내내 스케이트만 탔던 기억이 있다. 당시, 패딩이 거의 없었던 시절이라 대부분 간부는 '깔깔이'라 불리는 야전상의 내피를 입고 추위를 견디었다. 나는 지금의 아내가 교생 실습 등 바쁜 와중에도 두꺼운 털 스웨터와 목도리를 떠 주어 남의 부러움을 사며 입었던 기억이 있다. 결혼 후 겨울에는 대대별 연대 시합과 연대 대항 사단 시합이 있었는데 아내는 군인 가족 대대 대표로 나가 우승했고 나는 중대장 대표로 나가 계주에서 우승했다.

　그 후에는 점점 지구온난화 때문에 스케이트장이 사라지고 그 열기도 시들해져서 탈 기회가 거의 없었다. 2004년 우리나라에서 가장 춥다는 철원에서 근무할 때 사단 스케이트장을 만들어 겨우내 탔었는데 그때도 잘 얼지 않아 빙질이 좋지 않았던 기억이 있다. 막내가 초등학교 6학년 때 춘천에 있는 실내 스케이트장에 놀러 갔었는데 딸들은 피겨 스케이팅을 하고 나는 스피드 스케이팅을 하며 놀았다. 오랜만에 빙판을 지치니 신나고 재미있기는 하였으나 무릎과 종아리가 아파서 두 바퀴를 다 돌지 못하고 쉴 수밖에 없었다. 그때가 내 인생에 마지막 스케이트를 탄 때이고, 지금은 창고에 있는 스케이트는 날이 녹슬어 가고 있다.

　지구온난화에 가장 큰 피해를 본 스포츠가 스케이트일 것이다. 스키는 인공 눈으로 슬로프를 만들지만, 스케이트는 실내에 설치할 경우 비용이 많이 들어 현재는 큰 도시에 한두 개 있는 정도이다. 태릉국제스케이트장도 내가 이용했던 시절에는 야외에 있었는데 2000년부터는 실내로 옮겨 운영되고 있다. 동네마다 있던 얼음판이 다 없어지니 스케이트를 타는 저변 인구도 감소하여 이제는 겨울철 어린

아이를 데리고 가서 한나절 노는 놀이터의 개념이 더 강하고 실제 스포츠로 즐기는 경우는 선수들 외에는 없는 듯하다. 평창 동계올림픽이 열린 이후에도 저변을 확대하기가 어려운 것이 현실이다. 이 모든 원인 중에 가장 큰 것은 얼음이 얼지 않는 따듯한 겨울일 것이다.

어찌하든 나의 젊은 시절 겨울은 스케이트로부터 시작하여 스케이트로 끝나는 즐거웠던 날들이었다. 아련한 추억으로 남은 동네 얼음판은 이제 다시는 볼 수 없어 아쉽지만, 그 추억만큼은 간직하며 겨울을 지내고 있다. 올해는 어깨를 다쳐 어쩔 수 없는데 내년 겨울에는 막내를 어르고 달래서 스케이트를 타러 가야겠다.

준비 안 된 등산

　사관학교를 졸업하고 나면 소위로 임관하여 광주에 있는 보병학교에서 초등군사반 교육을 받는다. 그 시절 남원에 사는 동기생과 친하게 지냈는데 토요일이 현충일이라 수업이 없는 날에 자기의 고향에 있는 지리산을 종주하자는 제의를 받았다. 유격훈련 때 노고단에서 피아골로 행군하면서 한 생도가 발목을 삐어 군장과 총을 나누어 지고 그를 부축해 세 시간을 걸어와 구급차에 실었던 아픈 추억이 있는 곳이다. 그때의 기억이 살아나며 꼭 한 번 가 보고 싶어 흔쾌히 승낙했다.

　하루 전에 군사용 지도를 펼쳐서 가는 길을 연구하고 등산코스를 정하면서 먼저 다녀온 경험자의 조언도 들었다. 가지고 있는 등산 장비라고는 등산복과 등산화, 배낭이 전부라 모두 구해야 했다. 시간이 촉박하다는 핑계로 규정에는 어긋나지만, 군용텐트에 군용모포, 수통, 반합이 동원되고 버너만 구해서 쌀과 부식, 라면 등 이틀치 식량을 배낭에 넣은 채 구례행 버스를 탔다. 수업을 마친 후라 저녁 막차로 구례 화엄사 버스를 간신히 탈 수 있었다.

화엄사 뒤로 난 계곡형 등산로는 유격훈련 때 올라 보았던 길이라 야간 산행을 감행했다. 작은 플래시와 달빛의 도움을 받아 가파른 산길을 오르는데 달빛에 어른거리는 돌부리에 넘어지기도 하고, 기어가기도 하면서 노고단 정상에 도착했다. 자정이 다 되어 대피소 한편에 터를 잡아 쪽잠을 청하고 난 새벽, 잠이 깨어 어스름에 나왔더니 안개가 골짜기를 가득 메우고 높은 봉우리만 남겨진 상태에서 동이 틀 준비를 하는 동녘이 붉게 물드는데 장관이었다.

즉, 노고운해(老姑雲海)를 본 것이다.

라면으로 아침을 때우고 바로 출발했다. 가끔 지나치는 등산객 중에는 버섯을 잘못 먹어 응급구조를 기다리는 사람도 만났다. 우리가 알기로는, 토끼봉을 거쳐 장터목에 이르는 등산로에는 몇 군데 약수터가 있어 물을 얻을 수 있다고 했는데 그해 봄 가뭄이 심해 다 말라 버린 듯 폐쇄되어 있었다. 제대로 준비가 안 된 우리는 점심을 먹고 물을 얻기 위해 험한 산길을 한 시간 정도 내려간 계곡에서 물을 마시고 끼니를 해결할 수 있었다. 체력은 자신만만했던 20대라 다시

길을 재촉하여 하룻밤 묵을 예정인 세석평전에 도착했다.

그런데, 그 유명한 세석평전 철쭉제가 열리는 때라서 울긋불긋한 텐트가 드넓게 펼쳐져 있었다. 간신이 물만 얻은 우리는 그 대열에 끼지 못하고 남의 눈에 띄지 않는 깊숙한 숲속에 들어가 군용텐트를 치고 숙영 준비를 했다. 누군가에게 들키면 무장 공비로 오인할까 봐 걱정되기도 했지만, 그야말로 군사훈련을 받는 느낌인데 자발적으로 하니까 웃음도 나고 즐거웠다. 저녁을 하려고 쌀을 안쳐 버너를 최대로 켰으나 해발고도가 높아서 돌을 얹어 놓았는데도 밥이 설었다. 그래도 배고픔을 반찬 삼아 맛있게 먹고 일찍 잠을 청했다.

다음 날 새벽, 어둠이 깔린 산길을 올라 천왕봉 해돋이를 보러 갔다. 거의 뛰다시피 하여 천왕봉에 도착했는데도 해는 이미 떠올라 있었다. 그때, 천 년 이상 묵었을 고목 아래로 멀리 하동, 산청, 함양까지 끝없이 펼쳐진 산들의 파노라마를 볼 수 있었다. 저 골짜기, 골짜기마다 이념과 이상을 품고 숨어들어 생명을 이어 간 역사의 아픈 사연들이 있으리라는 생각도 들었다.

내려올 때는 남원으로 가기 위한 칠선계곡을 타기로 하였다. 점심을 어머님이 준비해 두었다는 친구의 말에 마음이 급해져서 남들이 절경이라고 하는 계곡 주변의 기암괴석과 절벽, 계곡물이 만들어 낸 소와 폭포는 스치듯 보면서 달리듯 내려왔더니 땀이 범벅이었다.

다행히 아래로 내려올수록 깊어지는 계곡의 소가 있어 훌훌 벗고 들어가 수영을 하였다. 시린 찬물에 조금 있으니 입술이 파래지며 한기가 몰려왔다. 그런데 아뿔싸! 팬티도 안 입고 들어갔는데 어디서 관광버스를 타고 등산을 왔는지 여자들 위주로 계속 오르는 줄이 이어져 나올 수가 없었다. 옷은 그들이 가는 길옆에 벗어 놓았지, 그래도 체면과 창피함은 알지, 대책 없이 바위틈 물속에 들어 있는데 친구 얼굴을 보니 추위에 새파래져 있었다. "아주 시원하겠다."라며 인사도 많이 받았고 까르륵하는 웃음으로 대신하는 예도 있었다. 근 삼십 분 넘게 무식한 용감함의 반격을 톡톡히 치렀다.

덜덜 떨며 나와 옷을 입고 친구네 집에 가서 근사한 점심 겸 저녁을 얻어먹고 준비 안 된 등산을 마무리 지었다.

얼마 전 담양에 초청받아 강연하러 갔다가 오는 길에 노고단을 올랐다. 이제는 노고단 주차장까지 차로 가서 30분 걸으면 정상이었다. 게다가, 지리산 둘레길이 만들어져 전 구간을 도보 여행을 할 수 있다고 했다. 그뿐인가? 지리산 일주도로가 개통되어 달궁삼거리부터 삼성재, 시암재를 거쳐 노고단, 천은사까지 차로 종주할 수 있게 되었다. 이제는 동학 난부터 일제 강점기, 6·25를 거치는 격동의 역사에서 수많은 이들을 피신시키고 보듬어 주었던 피난처가 사라진 듯하다. 앞으로는 빨치산의 전투도 은거하고 도망갈 곳이 없어 불가능해 보였다. 이병주 소설 《지리산》이나 조정래 작가의 《태백산맥》도 쓸 무대가 사라진 느낌이었다. 접근성은 좋아졌지만 범접하기 힘든 지리산만의 신비와 경외감은 많이 희석되어 있었다. 세월의 흐름

은 편리성 위주로 개발되어 감을 다시 한번 느끼면서 젊은 시절 아
련한 추억을 회상하며 내려왔다.

하늘로 보내는 우정

"남홍 씨! 우리 그이가 그만……. 흑흑."

"어디세요? 어떻게 된 거예요?"

"지금 ○○ 병원 응급실이에요. 등산 갔다가 심장마비로……."

"알았어요. 빨리 갈게요."

그날은 시골에서 올라와 아내가 일 년에 서너 번 검사하고 진료받는 날이었다. 약을 처방받아 한 오 분쯤 이동했을 때, 친한 친구 부인한테서 전화가 걸려 온 것이다. 급하게 차를 돌려 응급실에 가니 친인척 몇 명이 와 있었고, 함께 등산 갔던 고등학교 친구들은 경찰 조사를 받고 있었다.

"살아서도 집안일은 등한시하더니……. 이렇게 무책임하게 먼저 가면 나는 어떡해!"

친구 부인은 정신을 못 차린 채 내 아내를 끌어안고 오열하며 남편을 원망했다. 모처럼 딸 둘과 넷이서 아침을 같이 먹고 각자 볼일로 집을 나섰단다. 내 친구는 식구들을 배웅하고 고등학교 동창들과 등산을 시작했는데 "힘들어. 좀 쉬었다 갈 테니 먼저 올라가."라고 한 뒤 남아 있다가 심정지가 온 것이다. 전화를 안 받아 서둘러 내려오니 쓰러져 있었고, 119가 도착했을 때는 이미 이 세상 사람이 아니었단다.

그 친구는 나와 생도 3, 4학년을 같은 중대에서 생활했다. 학교 가까이 있던 자기 집으로 서울에 연고가 없는 시골 동기생들을 데리고 가면, 어머님은 그 먹성 좋은 젊은이들을 흡족하게 먹이고 쉬게 했었다. 임관 후 광주에서 교육받을 때 연애 전선에 문제가 생겨 여자친구 집 앞에 죽치고 앉아 있다가 내려와 술 취해 떠드는 신세 한탄을 밤늦게까지 들어 준 적도 있다. 그는 오래달리기와 장거리 행군을 힘들어해서 '한국의 롬멜'이 되겠다며 기갑병과를 택했다. 지금 생각하니 그때부터 남들보다 심장이 약했던 듯하다. 내가 통제가 심한 보안시설에 근무할 때인데 미국에 교육받으러 갔다가 교통사고를 당하여 크게 다쳐 귀국했다고 듣기만 했다. 그러다 육군대학에서 만났더니 허리와 다리가 아파 수시로 침을 맞고, 기(氣) 치료와 운동요법을 병행한다고 했다. 그렇게 자주, 아니면 가끔 연락하고 만나기도 하면서 지내다가 전역 전에 수도통합병원에 입원했다고 연락이 와서 위문을 갔다. 그때 받은 진단은 '대퇴부 골두 괴사'여서 장애 판정도 받았다. 군 생활 중 허리 아래에 수시로 통증이 오는 것을 참으며 힘들게 근무했다고 털어놓았다.

미얀마 무관 근무 후, 그곳에서 한국 상품을 파는 대리점 사업을 하던 중 군사 쿠데타와 코로나-19 땜에 귀국하였다. 전화위복으로 명의를 만나 대퇴부 수술을 한 후 다리가 아주 좋아졌다고 자랑했다. 사이클도 하고 등산도 하며 건강을 자신하던 때 이런 변고가 생긴 것이다. 연초에는 회사에서 퇴직하는 친구를 위로한다고 술자리를 같이하며 올해 목표가 큰딸 결혼시키는 것이라고 얘기했었고, 죽기 한 달 전쯤에는 골프도 함께 나갔었다.

그가 사고를 당했던 봄에는 코로나-19로 화장장이 포화 상태가 되어 3일 장례를 못 하는 경우가 종종 보도되곤 했다. 그래서 우선 화장장부터 알아봤는데, 다행히, 이틀 후 오후 시간을 확보하였단다. 이번에는 장례식장이 빈 곳이 없어, 자리가 날 때까지 나와 아내는 시골로 내려가 복장을 갖추어 다시 올라오기로 했다. 저녁 늦게 작은 장례식장을 구했다고 연락받은 다음 날 새벽에 고속버스로 올라가는데 뜬금없이 아내가 말했다.
"여보, 우리 둘째 빨리 결혼시킵시다."
"그러지 뭐."
무슨 뜻인지 알기에 왈가불가 토를 달 수가 없었다. 친구의 두 딸이 아직 시집을 안 간 것이 마음에 걸린 모양새였다.

종일 문상객을 맞으면서도 생도 시절부터의 추억과 같이했던 많은 일이 주마등처럼 지나갔다. 나름 친한 친구라고 생각하고 교류를 많이 했다고 자부했는데 생도 시절과 함께 교육받던 때를 빼고 나니 손에 꼽을 만큼 만난 횟수가 적음에 적이 놀랄 수밖에 없었다. '아하! 이렇게 한 인생이 지나가는구나.' 하는 깨달음이 뒤통수를 매섭게 때렸다. 친구들한테 연락하던 중, 친하게 지냈던 동기 한 명이 엊그제 손주를 봐서 지금 미국에 있으니 조문을 못 하는 상황을 안타깝게 전했다. 한 생명의 탄생과 친구의 죽음이 비슷한 시기에 공존하는 것을 보니 우리 모두 삶과 죽음의 경계선에 서 있음도 알 수 있었다.

밤늦게 딸들 사는 집에 와 피곤함을 달래며 잠을 청했는데 이른 새벽에 아주 맑은 상태로 잠이 깼다. '오늘이 국립현충원에 안치하는 날이구나. 조사(弔詞)는 누가 써 오나?' 내가 안 쓰면 준비할 동기가 없을 듯하여 부랴부랴 추도사를 썼다. 홀어머니를 두고 먼저 간 불효, 아내를 남겨 두고 떠난 무책임한 남편, 감당하기 어려운 상실의 고통을 안겨 준 아버지, 그러나 술 좋아하는 친구로서는 최고인 그, 그를 통해 행복했고 위로받았음을 담담히 써 내려갔다. 동이 트기 전에 마무리하고 서둘러 다시 장례식장으로 갔다.

친구 대표로 입관식에 참석하여 마지막 인사를 하는데 친구의 큰딸이 말했다.
"아빠! 어머니 잘 모시고 실망하지 않는 딸로 열심히 살게요. 하나님 곁에서 편히 쉬세요."

이틀 만에 부쩍 책임감을 느끼고 철이 든 모습을 보니 왈칵 눈물
이 났다.

장례 미사는 그의 중학교 동창이며 군종신부로 같이 근무했던 신
부님이 집전하셨는데 천상병 시인의 〈귀천〉을 중심으로 강론하셨다.

"아름다운 이 세상 소풍 끝나는 날 가서, 아름다웠더라고 말하리라"

"친구야. 너는 잘 살았다. 내가 갈 때까지 하나님 품에서 편히 쉬
고 있어라."
신부님의 강론은 떨리며, 흐느끼며 마무리되었다.
이어서, 화장장에 가서 한 줌 재로 변한 유골함을 안고 국립현충원
충혼당에 안치했다.
"한 세상 꿈같고 이슬 같고 번개 같다. 너를 보내려니 더 그렇구나."
내가 읽은 추도사를 끝으로 긴 3일의 일정이 마무리되었다. 아무
리 생각해도 그가 우리 부부를 시골에서 서울 병원으로 불러낸 듯한
생각을 지울 수 없었다.

집에 와서 가수 임형주의 〈천개의 바람이 되어〉를 흥얼거렸다.
"나는 천 개의 바람, 천 개의 바람이 되었죠. 저 넓은 하늘 위를 자
유롭게 날고 있죠……."
"그만해요. 당신, 왜 그래?"
안쓰러움이 묻어난 아내의 핀잔을 들으면서도 종일 중얼거리듯 불

렀다.

"그놈. 엔딩(Ending) 노트라도 써 놓고 가지. 뭐 그리 급하다고⋯⋯."

아무것도 정리하지 못한 채 빈 주먹으로 떠난 친구의 남은 자리가 크게 다가와 아직도 가슴 한구석이 아리다. '그래, 살아 있는 내가 더 잘 살아야지.' 오늘도 먼 하늘을 올려다본다.

제2부

나이 듦에 관한 생각

여주에서 인생 2막

나와 아내가 닮은 것 중에 하나는 서울을 다녀오면 머리가 지끈거리고 답답하다고 느끼는 것이다. 그러면서 "여주가 가장 살기 좋고 우리한테 딱 맞는다."라고 둘 중 하나가 내뱉는 말의 순서만 다를 뿐이다. 누군가는 삶의 경쟁에서 밀려난 이의 대화이고 누군가는 인구밀도가 경제적 이득의 척도라고 하는데 괘념치 않는다.

내가 여주와 인연을 맺은 것은 소대장 시절 팀 스피릿 훈련을 했던 때이다. 횡성에서 출발하여 음성까지 진출했다가 다시 횡성으로 복귀하는 보름간의 야외기동훈련이었는데 여주에서 방어 시에 이틀을 숙영했다. 횡성에서는 텐트를 칠 땅을 고를 때는 돌이 많아 애를 먹었는데 여주에서는 야산이든 노지이든 야전삽으로 몇 번 헤집으면 평평해지는 것이었다. 땅심이 깊어 어디를 파도 쉽게 평탄작업이 되었다. 얼마 떨어져 있지도 않은데 강원도와 경기도의 지세가 이렇게 차이 난다는 사실을 그때 처음 알았다. 신륵사 뒤편 야트막한 야산에 숙영지를 편성하고 배식 당번들이 밥차가 오는 아랫마을로 내려가면 동네 분들이 김치며 깍두기를 반합 가득 담아 주곤 했다. 더욱 기막힌 인연은 결혼 후 인사를 하러 처가 큰댁을 갔더니 바로 그 동네였다. 그 시절 중대장 텐트에서 소위에서 중위로 진급 신고했던 기억이 새롭다. 3년이 지난 중대장 시절에는 남한강 대교 강변을 연하여 경계선을 편성하고 대항군의 침투를 지켜 내는 훈련을 했는데 처가 큰댁이 책임 지역 안에 있었다. 그때는 장모님이 아예 그곳에 진을 치고 병사들에게는 떡을 해 주고 간부들에게는 밥을 해 주며 지원본부를 차렸던 적도 있다.

그 후 장인어른이 정년퇴직하고 고향인 여주에 정착하여 밭을 일구며 지내고 계시던 중 부모님이 충청도 시골에서 소를 키우고 농사를 지으며 사셨는데 일흔 중반이 넘어 힘에 부치는 것을 보고 여주에 아파트를 구해 모셔 왔다. 군 생활과 교사 생활로 바쁜 우리 부부가 한 번이라도 더 찾아뵐 수 있는 곳이라 강 건너에 모신 것이다. 몇 년 후에는 아내도 충청도에서 경기도로 발령이 나서 처가와 같은 아파트로 이사를 하였다. 근무하는 학교와는 거리가 상당했지만, 막내가 세 살이고 둘째가 초등학생이니 돌보아 줄 분들이 필요해서 어쩔 수 없는 선택이었다. 세월이 지나 양가 부모님들은 모두 여주에서 돌아가시고 나도 전역 후 아내의 고향이자 아이들의 고향이 된 여주에 자연스럽게 정착하게 된 것이다. 학창 시절 친구들은 충주에 가장 많이 사는데 차로 한 시간 거리이고 군에서 사귄 친구들과 선후배들은 수도권에 주로 사니 여주가 중심인 듯 여겨진다.

살아 보니 여주는 풍수해 피해로부터 안전한 지역임을 알 수 있었다. 태풍은 내륙이라 내가 살아온 10년간 한 번도 피해를 준 적이 없고 홍수는 충주댐과 강천보, 여주보, 이포보에서 조절해 주니 무탈하게 지나가고 있다. 예전에는 홍수가 난 적이 많았다는데 그 결과로 퇴적층이 형성되어 고구마와 땅콩이 잘 자라는 옥토로 변했다. 태백산맥과 차령산맥, 광주산맥으로 둘러싸인 충적 평야 지대에서 나는 쌀은 지금도 '대왕님 표'의 상표를 달고 전체 농업소득의 40%를 차지하고 있다. 가뭄과 홍수의 영향이 적어 만년 풍작을 이루는 천혜의 기후 조건과 맑고 깨끗한 남한강 상류의 청정 지역이 조화를 이루어 예로부터 벼농사의 중심지 역할을 했을 뿐 아니라 한강 수로의 발달로 한양의 경창까지 수송되어 임금님 진상미가 되었다. 세 개의 보가 만들어 낸 수변 지역은 각종 운동 시설과 공원, 야영장, 산책로로 가꾸어져 주민들의 사랑을 받고 있고 강변을 따라 사이클을 타는 이들의 천국이 되었다.

시에서는 옛 나루터 길, 오일장 터 길, 너른 들길 등 문화 생태 탐방을 할 수 있는 여강길 11개 코스를 조성하여 지역의 자연과 역사, 문화를 탐방하며 산책을 즐기는 길을 만들어 시민들과 관광객들에게 제공하고 있다. 동학 2대 교주 최시형 선생 묘소가 있는 11코스를 제외하고는 남한강 변을 연하여 산책길이 이루어져 있는데 여주보와 물억새 군락지를 걷다 보면 물안개가 피어오르다가 어느새 햇살에 비친 윤슬을 보면서 마치 강물 위를 걷는 듯 가슴이 탁 트이는 시원함을 맛볼 수 있다. 게다가 꿩, 꾀꼬리, 물총새 등과 텃새가 된 각종 오리 떼와 가마우지를 볼 수 있는데 가마우지가 먹는 물고기의 양이 하루에 700g 정도 된다고 하니 어부들에게는 미운 유해 조류가될 수밖에 없다는 생각이 들었다. 나는 새들의 비행을 보면서 헬기와 근접지원기, 정찰기와 전투기의 비행 모습을 비교 연상하곤 하는데 그럴 때마다 내가 군인이었음을 느끼곤 한다. 가끔은 야트막한 능선에 올라가면 방어진지를 어떻게 편성할까 하는 궁리도 해 보곤 한다. 강변 경치가 아름다운 곳을 지나가노라면 어김없이 전원주택지가 생성되어 있는데 화초와 텃밭에 물을 뿌리고 강아지 산책을 시키는 주민들을 보면 열심히 살다가 나이 들어 정착했노라는 흔적이 얼굴에 쓰여 있곤 하다.

흔암리 선사유적지를 지나 삼합리에 이르면 경기도, 강원도, 충청북도가 지척인 곳이 나오고 좀 더 지나 해돋이 산길에 접어들면 강원도에서 흘러온 섬강과 용인과 장호원을 거쳐 내려온 청미천이 남한강과 합쳐지는 합수머리를 만나게 된다. 강천섬을 지나 바위늪구비길로 접어들면 단양쑥부쟁이가 자생하는 곳을 지나고 목아박물관에이르게 된다. 이어서 천년고찰 신륵사와 세종대왕의 영릉과 북방 정벌을 꿈꾸던 효종의 능을 지나 황학산 수목원, 명성황후 생가를 들르면 여주에서 8명의 왕비와 빈이 배출되었다는 것을 알 수 있다. 이후 드넓은 논이 펼쳐진 왕터쌀길을 지나 부처울습지길로 가서 이포보와 이포나루를 거쳐 담낭리섬으로 이어진다. 그리고 신라 파사왕이 축조했다는 파사성에 오르면 여주 서남부가 한눈에 들어오는 요충지임을 알 수 있다. 너른 들길을 지나 동자가 매일 쌀이 나오는 마당바위를 깨어 더 많은 쌀을 얻으려다 욕심이 과해 망했다는 싸리산의 전설을 마주한다. 여주가 도자기로 유명한 것은 싸리산을 중심으로 양질의 점토, 백토, 고령토가 생산된 데다가 깨끗한 물, 풍부한 땔감이 어우러져 도공들이 모여들었고 한강을 이용하여 한양으로 운송이 편리했던 점도 한몫했을 것이다.

나는 인생 2막에 여주로 정착한 것을 아주 좋은 인연으로 생각하고 행복하다. 전철과 고속도로가 사통팔달로 뚫려 있고 내가 좋아하는 골프장이 많이 산재해 있고 친구들을 만나는 데도 편리하다. 가까운 곳에 산책로와 쉽게 오를 등산로가 잘 갖춰져 있으며 지척에 여주온천이 있어 몸을 따뜻하게 풀 수도 있다. 아내를 만나고 훈련이 맺어 준 인연으로 여주는 나의 제2의 고향이 되어 오늘도 청량한 바람에 몸을 맡기고 긴 숨을 들이쉬며 건강하게 살고 있다.

나의 시골 적응기

전역하기 오 년 전에 가족회의를 통해 여주 시골에 집을 짓고 귀촌을 결정했다. 아이들이 여주에서 유년 시절을 보냈으니 고향을 만들어 주고, 나와 아내도 어릴 적 시골에서 자란 것이 이유였다. 그리고 고등학교 이후 집을 나와 전국을 떠돌며 살아온 나에게 안정된 노후를 선물하겠다는 아내의 배려가 있었다.

법정 스님 책에서 인도 언어인 '바나프라스타'를 읽었다. 속세의 의무를 다하면 산으로 가라는 뜻, 즉 자신의 내면을 오롯이 찾아 삶을 영위하라는 것이다. 인생을 봄부터 겨울까지로 분류했을 때 앞으로는 인생의 추운 겨울이 점점 더 길어지고, 건강하게 살다가 죽음을 맞이하기가 더욱 힘들어질 것이다.

평균수명이 83세이고 건강수명은 75세라는 통계가 이를 말해 준다. 그것도 통계일 뿐이지 각 개인의 차이는 천차만별이라서 늙고 병들고 죽는다는 게 우리 인생의 전부를 지배하게 되는 시기가 정년 이후인 것이다. 물론 생로병사(生老病死)는 인간이 어쩔 수 없는 신의 영역임을 알지만 현명하게 대처하리라 마음먹고 책과 경험담 듣기, 많은 생각을 하면서 정년 준비를 해 왔다.

그렇게 하여 탄생한 개념이 품위 있는 노년(골드 실버, Gold Silver)이었다. 모든 일을 스스로 할 만큼 건강하고 자신감을 가지며 경제적으로 자립하고 가족과 친구 관계에서 주도적이며 사회와 젊은이를 지원하는 의미 전달자가 되는 것이다. 그리하여 삶의 가치와 헌신에 집중하고 자아실현의 방향을 찾아가는 어르신답게 늙어 가리라 다짐했다. 정원에서 머리 하얀 할아버지가 가족들을 위해 고기와 소시지를 구워 일일이 나눠 주는 외국 영화에 나오는 장면을 연상해 보았고 그렇게 현실을 만들어 가겠다고 계획했다.

나로 인해 모두가 조금 더 행복해지고 밝은 사회가 된다면 좋겠다는 생각도 했다. 나부터 행복해야지 그 행복을 솟아나는 샘처럼 나누어 줄 수 있기 때문이다.

정년 이후 가장 힘들어하는 것 중에 자신이 사회로부터 격리되고 잊힌다는 고독감이라고 했다. 허전함과 무료함에 지배되고 '과거의 나'에 집착하는 어리석음을 겪는 경우가 종종 있다는 것이다. 그래서 나이 듦은 그저 늙는다는 것일 뿐 어른으로서의 위치를 자각하고 책임을 깨닫는 성장하고 계발하는 삶을 살리라 다짐했다.

우선, 집을 짓고 텃밭을 일굴 땅을 구하는 것부터 시작했다. 남한강이 보이는 전망 좋은 곳부터 교통이 편하고 시내에서 멀지 않은 데까지 몇 군데를 찾다가 이곳에 인연이 닿아 땅을 샀다. 뒷산이 강원도 접경이라 개발이 제한되고, 가축 분뇨 냄새가 안 나며 매연으로부터 자유스러운 곳, 그리고 한강에서 안개가 피어오르면 마당 아래서 사라지는 외진 곳에 터를 장만한 것이다.

그리고 농촌진흥청에서 시행하는 귀농학교에 가서 3주간 농사에 필요한 기초 교육도 받았다.

전역하는 해 봄에 토목공사를 하고 장마가 지난 다음 목조주택으로 집을 짓기 시작했다. 경험이 없는 나는 믿을 만한 건축 회사에 설계부터 마무리까지 맡기기로 했다. 아이 셋의 방은 벽지부터 커튼 색까지 본인들이 고르도록 배려했고 미래의 손주를 위한 다락방도 만들었다. 다행히 솜씨와 믿음이 좋은 대목을 만나 무난하게 공사가 진행되어 그해가 가기 전에 입주할 수 있었다. 산과 붙어 있는 덕분에 화목 난로나 화목 보일러도 생각했으나 겨우내 나무꾼이 되어야 하는 숙명을 피해 지열 보일러를 놓고 난로도 설치하지 않았다.

이듬해 봄엔 텃밭을 조금 일구어 다양한 채소와 고추, 감자, 고구마 등을 심었다.

"이 넓은 땅을 다 놀리고 왜 밭을 쥐똥만큼만 만드는가?"

장모님의 핀잔이 있었지만 아랑곳하지 않고 나의 자유로운 삶을 위해 고집을 피웠다.

'지구라는 큰 공과 논다.'라는 어느 일본 기업가의 논리, 즉 농사는 주업이 아닌 취미로 조금만 하기로 한 것이다. '할 일 없으면 농사나 짓지.'라는 말이 있는데 천만의 말씀이다. 농사는 첨단 과학이고 땀의 결정체이며 농산물로 현금을 만든다는 것은 지극히 어려운 일이다. 비교하면, 공장에서 빵 하나 만드는 데 1초도 안 걸리지만, 농부가 사과 한 개 생산하는 데 일 년이 필요한데도 가격은 같거나 빵이 더 비싸다. 이러니 가격경쟁력이 없을 수밖에. 게다가, 한창 밭에 오이와 가지가 열리는 시기에 장에 가면 큰 거 다섯 개에 이천 원으로 팔린다. 나는 그렇게 큰 오이나 가지는 만들어 내지도 못하는데 말이다. 우리 가족이 먹을 좋은 먹거리를 만들기 위해 농약을 안 치고 거름을 적게 준다. 그러니, 조금만 크면 끝부분이 말려 올라가 상품성이 떨어지는 것이다. 팔 생각은 아예 없었으니 욕심 안 부리고 자연농법이라 명명한 게으른 농사를 짓는 것이다. 밭고랑을 넓게 치고 작물도 드문드문 심었더니 어느 지인이 와서 "부잣집 밭은 여유가 있구먼." 한다. 그래야 바람이 잘 통하고 벌레가 적게 꼬이니 농약을 안 쳐도 되는 것을 모르고. 제일 어려운 것이 잡초와의 전쟁이다. 봄에는 그럭저럭 따라잡으며 '잡초 명상' 한다는 생각으로 할 수 있다. 그런데 여름에, 특히 장마철에는 풀들이 무섭게 자라는데 감당이 되지 않아 예초기와 낫, 호미로 하루가 멀다고 베고 매 주어야 한다.

잔디가 파랗게 올라올 무렵부터 드디어 내가 꿈꾸던 가든파티가 시작되었다. 가족 모임 때 처음으로 숯불에 고기를 굽고 야외에서 술 한잔 따라 드렸을 때 장인어른이 행복해하시던 모습은 몇 년이 지난 지금도 생생하다. 아내의 학교 동료 선생님부터 마을 어르신, 초, 중, 고, 대학 동창들, 같이 근무했던 옛 전우들. 정신없이 손님을 치렀는데 어느 선생님은 자신이 영화 속 주인공이 된 느낌이라고 얘기했고 어느 분은 어릴 때 꿈꾸어 왔던 언덕 위의 하얀 집을 현실에서 보았노라고 감상을 말했다.

"인생의 성공은 자녀를 낳아 키우고 한 그루의 나무를 심고 한 권의 책을 남기는 것이다."라는 스페인 속담이 있다. 지금까지는 전역 전에 생각했던 대로 잘 적응해 살고 있지만 내가 성공하기 위해서는 책을 한 권 써야겠다는 생각을 하여 수필을 공부하기로 했다. 점점 나이 들어 힘든 일이 버거워질 때 이 층 서재에서 지금까지의 인생을 반추하며 글로 정리하는 삶도 보람이 있을 듯하다. '가장 가까이에 있는 사람에게 사랑받는 것이 성공'이라는 빌 게이츠의 말을 우선 명심하면서 말이다.

주말부부 합쳐 살기

아이들이 커 가니 교육 문제 등으로 우리 부부는 15년을 주말부부로 살다가 여주에 집을 짓고 내가 전역을 하면서 합쳐 살게 되었다. 그동안 아내는 당진, 천안을 거쳐 고향인 여주에 정착하고 있었고, 나는 서울, 원주, 철원, 고양, 연천, 양양, 다시 서울, 용인으로 옮겨 다녔다. GOP 지휘관과 야근을 밥 먹듯 하는 부서에 근무하다 보니 아내가 주말에 아이들을 데리고 부대 관사에 와서 밀린 빨래와 청소를 해주곤 했다. 아내는 아이들 키우랴, 학교에서 아이들 가르치랴, 양가 부모님 가까이에서 모시느라 항상 바쁜 날들을 보내 왔다.

내가 전역 후에 아내는 막내 통학을 시키고 난 후 학교로 출근했고

86 계급장 떼고 10년을 살아 보니

나는 텃밭을 가꾸고, 나무를 심고, 집 주변을 조경하면서 시골에 적응하고 있었다. 그러면서도 고삐 풀린 망아지처럼 전국을 누비며 친구들과 여행도 가고 운동도 하면서 자유를 만끽했다. 요리학원에 등록하여 음식도 배우고 전문 강사 교육도 받으면서 나름, 열심히 생활하고 있었다. 가끔은 바쁜 아내를 돕겠다고 설거지와 빨래, 청소 등도 했다.

그러던 휴일 어느 날, 아내가 물었다.
"여보, 당신 학교에서는 설거지를 이렇게 가르쳐요?"
그리하여 아내에게 갔더니 접시 뒷면에 고춧가루가 묻어 있었다. 순간, 그 그릇을 집어 던질 것 같은 충동을 억누르고 조용히 낚시 장비를 챙겨 집을 나왔다. 지역 정보에 익숙하지 않았던 당시, 낚시 미끼와 떡밥을 사며 물어서 낚시터를 찾아갔다. 찌를 드리우고 입질을 받으니 마음이 가라앉으며 잘 왔다는 생각도 했고, 자주 온다는 꾼의 도움을 받아 조황도 꽤 괜찮았다. 저녁을 시켜 먹고 새벽녘까지 앉아 있다가 차에서 잠깐 쪽잠을 자고 일어나 오전까지 낚시했다. 집에 들어와 곯아떨어져 있다가 문소리가 나서 깨어 보니 아내가 퇴근하고 있었다. 저녁을 먹는데 냉랭한 분위기 속에서 한마디 말이 없었다. 도와주려고 하다가 실수한 사소한 거로 남편에게 핀잔을 준 아내가 야속했다. 학생들에게 이래라저래라 가르치는 게 몸에 배어 있는 아내로서는 자기가 무슨 잘못을 했냐는 투였다.

사단은 그다음 날 생겼다. 침대에서 일어나려는데 허리가 아파서

모로 뒹굴어 간신히 몸을 세웠다. 젊은 시절 척추염을 앓아 평소에도 허리가 굳어 있던 내가 밤새 쪼그리고 앉아 있었던 게 무리가 된 것이다. 급히 후배가 원장인 한의원에 가서 침을 맞고 부항을 뜨고 물리치료를 하니 좀 괜찮아졌는데 2주는 더 치료해야 한단다. 저녁에 아내에게 이런 사정을 얘기했더니 "집 나가면 개고생인 거 알겠죠?" 하며 고소해하였다.

"도와주는 게 아니고 하는 겁니다. 언제까지 머슴으로 살 겁니까?"
아내에게 자주 들었던 말이다. 당시, 아내가 출근하면 청소하고 설거지하면서 도와준다며 큰 체를 하고 살았다. 아내는 새벽에 일어나 밥해 놓고 화장하고 막내 챙겨 출근하는 바쁜 일과를 보내는데, 나는 있는 반찬 챙겨 점심 먹는 것도 버거워하는 무능한 생활인이었다. 지금까지 지시만 했지 직접 한 일이 거의 없다는 것도 그때 알았다. 예초기 돌리고 잡초 뽑고 잔디 깎고 주변 정리하는 것을 다 시켜서 하다가 직접 하려니 생소하고 힘들었다. 전기나 설비 배관에도 주인이 해야 할 일이 가끔 생기는데 문외한인 나는 지인을 부르거나 전문가에게 맡길 수밖에 없었다.
"당신, 할 수 있는 게 도대체 뭐요?"
이런 자존심 상하는 핀잔도 들으니 구박받는 느낌이었다.
알을 품은 닭을 얻어와 닭장을 지었는데 솜씨가 얼마나 좋았는지 이웃집 개가 들어와 난장판을 만들어 병아리와 어미 닭이 몰사한 사건도 있었다. 그때는 닭이 죽은 게 아니라 내가 죽을 뻔했다. 내가 저지른, 엉성하게 닭장을 지은 죄가 있으니 찍소리 못하고 온몸으로 아내의 말 화살을 받아야 했다.

가끔은 막내 통학을 내가 시켜야 할 일이 있을 때 공부 열심히 하라던가, 책을 많이 읽으라는 단순한 조언에도

"내가 알아서 할 테니 신경 쓰지 마셔."

하는 답변이 돌아왔다. 네 방 청소는 네가 직접 하라는 말에는

"아빠는 뭐 하는데?"

하질 않나, 장래에 훌륭한 사람이 되라는 말에도

"아빠는 몇 세기 사람이야?"

하는 답이 돌아왔다. 우리 클 때는 상상도 못 하던 일이어서 아이 교육을 어떻게 했냐고 아내를 닦달했다.

"딸이 당신보다 낫구려."

아내는 내가 한심하다는 투로 아무렇지도 않게 대답했다. 그랬다. 중2병도 모르는 무식한 아빠였다.

내가 주인인 가정에서 주인 노릇을 제대로 하려면 도와주는 게 아니라 알아서 모든 일을 챙겨서 해야 한다는 것을 깨닫는 데 상당한 시간이 소요되었다. 고압적인 자세로 지시하고 지적하며 시간에 딱 맞춰 일이 진행되어야 하는 군대 문화는 가정에서 빨리 버려야 한다는 것도 뒤늦게 알았다. 습관의 관성에 따라 예전에 했던 생각과 행동을 전역 후에도 이어져 오고 있었던 것이었다. 오래 같이 살았어도 주말 부부를 하면서 떨어져 있던 사이에 생각의 차이가 났고, 느끼는 감정, 행동하는 방식 등이 다르다는 것을 알았어야 했다. 아이들의 사고방

식과 세대 차이는 아예 극복할 수준을 넘어서 있음도 이해해야 했다.

전역 전 사회적응 교육을 받을 당시 높으신 분이 올라와 "이제까지는 국가와 군을 위해 헌신했으니 앞으로는 가족을 위해 최선을 다하겠노라."라고 하였다. 그때 옆에서 듣던 친구가 귓속말로 "그 가족들 꽤 힘들겠다."라고 했던 말이 생각난다. 다행히 나는 경직된 사고를 유연하게, 지시하던 일은 직접 몸으로 하는 변화를 통해 잘 적응했다고 자부한다. 왜냐하면, 딸들과 아내가 인정해 주며 화목하게 생활하고 있으니 말이다. 물론, 내가 다 잘해서 그런 것이 아니고 가족들이 이해해 주니까 가능했을 것이다.

군인 친구를 민간인으로

내게는 고등학교 시절부터 친한 친구 다섯이 있다. 그들과는 내가 자주 옮겨 다니고 만나기 힘든 직업의 특성상 강제성을 갖기 위해 30여 년 전부터 매달 회비를 출연하여 주기적인 모임을 하고 있다. 친구들은 한겨울 매섭게 불어오는 계룡산의 삭풍을 마다하지 않고 나의 전역식에 혼자, 또는 부부 동반으로 참석해 주었다. 아내에게 좋은 남편, 딸들에게는 훌륭한 아빠임을 각인시키며 축하의 인사를 건네고는 점심을 낸다는 나의 만류에도 불구하고 가족끼리 함께하라며 먼저 가 버렸다.

그해 설 전에 만나 회포를 푸는 자리에서 '김남홍 민간인 만들기 프로젝트'를 꺼내는 것이었다.

"나 이제 사회 초년생이니 많은 지도 편달을 바란다."

내 인사말이 끝나기 전에 다들 한마디씩 한다.

"뭐? 초년생? 유치원생이야."

"네가 고등학교 졸업하고 이 험한 사회 경험해 본 적 있어?"

"앞으로 단단히 지도할 테니 각오해!"

그러면서 회비 통장을 맡긴 후 총무 겸 회장을 하란다. 그동안 소홀했던 모임에 일정 몫으로 이바지하라는 것이었다. 그러면서 덧붙이는 한마디.

"사회 회장은 돈 써 가면서 하는 자리여. 잘해!"

울며 겨자 먹기로 회장을 맡아 다음 모임과 장소를 정하는데 대뜸 한마디.

"사회에서는 군대처럼 계획대로 되지 않아. 대충 집합시켜. 우리가 군인이여?"

그렇게 하여 나의 민간인 첫 모임을 마칠 즈음 진지한 충고가 쏟아졌다. 우선 조심해야 할 일이 사기 안 당하는 것이고, 꽃뱀에게 물리지 않는 것이며, 노름에 중독되지 않는 것이란다. 그 예방법으로 백신을 우선 맞힐 테니 따라오라는 것이었다.

그로부터 며칠 후 한 친구에게서 연락이 와 정선 카지노를 같이 가자는 것이었다. 나는 〈007 시리즈〉 영화에서 본 모습대로 나비넥타이는 아닐지라도 정장을 하고 충주에서 그와 또 한 친구를 만나 정선으로 출발했다. 가는 내내 노름으로 폐인이 된 사람들 이야기가 이어졌는데 잘나가던 약국을 다 말아먹고 캐나다로 도망간 동창, 심지어 자살한 선배까지 심각한 도박의 폐해를 들었다. 우리가 도착한 시간은 오후 두 시쯤이었는데 입장객이 정원을 거의 채우고 있어 간신히 들어갔다. 조명이 밝지 않은 실내에 기계음 소리와 함께 빼곡한 사람들의 모습이 눈에 들어왔다. 블랙 잭이나 바카라 등 전문 꾼들이 하는 게임은 구경만 하고 일 층에 있는 기계와 싸움을 하기 위해 기웃거렸으나 빈자리가 없을 정도였다. 여기저기 구경하다가 비어 있는 슬롯머신 하나를 택해 앉아 남들이 하는 대로 돈을 넣고 백 원, 오백 원, 이천 원짜리 게임을 시작했다. 대각선이나 일렬로 같은 무늬나 숫자가 나오면 정해진 금액을 따는 기계였다. 친구들이 일러 준 대로 잃을 각오를 한 돈의 액수를 정한 다음 게임을 마칠 시간을 정해 시작했는데 한번은 꽤 많은 돈이 터져 나와 이천 원짜리로 계속했더니 예상 시간보다 빨리 끝나게 되었다. 처음 들어간 곳에서 느낀 감정은 진짜 오락이 아니고 노름이었다. 많은 이들의 눈은 충혈되어 있었고 후줄근한 생활복을 입은 이들이 대부분이었으며 다행히 음주자는 입장이 안 되니 괜찮은데 흡연실은 오소리 소굴 같았다. 그나마 다 피우지 못하고 급하게 나가는 이들이 많았고, 무엇에 쫓기듯 힐끔힐끔 주변을 보며 게임에 열중하는 것이 사생결단한 이들 같았고 웃으며 느긋하게 즐기는 사람은 별로 없는 듯 보였다. 그 이후로도 서너 번 갔었는데 언제부터인가 사전 예약제가 되어 인터넷 추첨을 통해 입장하는 이후론 한 번도 가지 못했다.

그 후 골프를 치는데 동반한 골프장 부장 친구가 그동안 모아 놓은 돈이 있으면 전동카트를 사서 골프장에 맡겨 놓으면 상당한 이득을 보게 해 주겠노라고 제안했다. 자신이 관리 책임자로 있으니 걱정하지 말라는 확신을 주면서 말이다. 집에 와서 아내에게 얘기했더니 그렇게 좋은 것을 자기가 하지 왜 당신에게 하라고 하느냐며 반대했다. 친구들에게도 조언을 구했더니 사기 수법 같다고 했다. 아니나 다를까 몇 년 후 그 골프장에 갔더니 그 친구는 사직하고 카트는 골프장 직영으로 운영 중이었다. 군인, 교사, 공무원들이 정년을 마치면 사무실과 자동차를 제공하는 사장 자리를 제안하여 일정 시간이 지나면 인감을 도용하거나 여러 이유를 대서 돈을 뜯어내는 사기 등 다양한 유혹이 있다고 한다. 심지어 어떤 친구는 친누나와 돈을 합쳐 건물을 사서 노후 준비를 했는데 매형이 다 팔아 해외로 이민 간 사례도 있었다.

전역 후 일이 년 놀았을까? 한두 명 몸에 고장이 나더니 술을 안 먹고 노래도 시들해지고 재미없어질 즈음, 여행을 계획하여 여섯이 중국 계림을 갔다. 예전 같으면 매일 밤 술을 마셨을 텐데 이제는 술과 여자에 대한 흥미를 잃었는지 밤늦게까지 화투 놀이를 하며 깔깔거렸다. 적은 금액을 정해 놓고 그것도 나중에 잃은 만큼 돌려주는 노름인데 게 중에 누군가가 심술을 부려 판돈을 다 돌려받지 못하는 때도 있었으나 개의치 않았다. 그 이후 만나는 여자라곤 초등학교, 중학교 동창들인데 전혀 여자로 보이지 않았다. 그러면서 하는 말이 나이 든 남자는 여자들이 돈으로 볼 뿐이지 남자로 안 본다는 것이었다.

그 이후로 모임은 건강을 주제로 건전하게 이루어지고 있다. 충주 주변에는 걷기 좋은 등산이나 산책 코스가 많은데 심향산을 오르거나 종댕이길을 걸으며 충주호의 아름다움을 감상하든가, 수안보로 가서 송계계곡이나 만수계곡을 걷는다. 어느 날부터인가는 미륵대원지를 지나 하늘재를 다녀와 온천을 하고 충주에 있는 친구 오피스텔로 모이는 형태가 반복되고 있다. 괴산 산막이옛길도 가고 마지막재 코스나 수주팔봉, 탄금대, 〈사랑의 불시착〉을 촬영했던 비내섬도 가끔 갔다.

민간인 친구들, 또는 사관학교 동기들이나 선후배들을 만나면 나는 목에 힘을 잘 빼고 유연해졌단다. 군 생활 동안 배인 습관으로 계획과 시간을 정확히 지키고 제때 밥 먹으며 규칙 된 운동을 하는 것도 나쁘지 않지만, 가족을 포함해서 주변 사람들이 불편해하는 것도 사실이다. 게다가 과거를 들먹이며 잔뜩 목에 힘을 주고 권위를 세우려 하는 사람도 있는데 옆에서 보면 웃음만 날 뿐이다. 아무도 알아주지 않기 때문이다. 우스갯말로 이 세상에는 두 종류의 사람이 사는데 군인과 민간인이다. 나는 두 종류의 사람을 경험하며 잘 살고 있으니 친구들한테 받은 은덕이 깊음을 이 자리를 빌려 고마움을 전해 본다.

아프거나 다치지 말자

"아니! 어쩌다가? 뼈가 튀어 올랐는데?"

아내가 많이 놀라 소리쳤다. 어깨뼈가 불룩 솟아오른 게 심하게 저렸다.

119에 연락하여 눈이 얼음이 되어 미끄러운 길의 상황을 설명하니 체인을 감은 구급차가 와서 시내 정형외과를 갔다.

필요한 검사를 하더니 견쇄골 탈구란다. 난생처음 들어 보는 말이라 의아해했더니 의사가 영상을 보여 주며 어깨뼈와 빗장뼈가 붙어 있는 부위가 충격으로 떨어져 나가 접합수술을 해야 한다고 설명해 주었다. 우리 집 내려가는 길에 눈이 녹으면서 빙판이 생겨 염화칼슘을 뿌리고 삽으로 긁어 내다가 발이 미끄러져 공중으로 뜨면서 앞으로 고꾸라졌다. 순간적으로 머리를 보호하려고 몸을 틀었더니 어깨에 전 체중이 실리며 일어난 사단이었다. 사흘을 기다려 부기가 어느 정도 안정된 다음 입원하여 어깨를 째고 어깨뼈와 빗장뼈를 붙인 후 핀으로 고정하는 수술을 하고 닷새 입원하였다.

팔 하나를 못 쓰니 잠자고 밥 먹는 것부터 일상의 모든 행위가 불편했다. 제일 고통스러운 것은 진통제를 맞았는데도 자다가 통증으로 깨면 그 이후 잠을 설쳐 몽롱한 상태로 아침을 맞이하는 것이었다. 게다가 코로나-19로 인해 면회가 안 되고 병실 등불이 흐릿하여 책 읽는 데도 어려움이 있으니 하루가 지나고 나서부터 지루함과 권태로움이 몰려오기 시작했다. 네 명이 같이 쓰는 방이었는데 외국인을 포함한 젊은이들이라 대화하기 꺼려졌다. 일하다가 다친 사람들인데 뼈가 으스러지는 복합골절로 상당한 시간 치료가 필요한 상태들이었다. 그들에 비하면 나는 환자라고 하기도 부끄러운데도 아픔은 누구도 함께하지 못하는 오직 자기만이 느끼는 감정이라 경중을 따질 수는 없는 것이다. 퇴원해서도 목욕은 아내가 시켜 주고 청소나 쓰레기 분리수거 같은 일상적인 일도 미룬 채 옷까지 입혀 주는 소위 임금 같은 생활을 며칠째 하였다.

나는 강직척추염을 앓은 흔적을 가지고 있다. 젊어서 척추에 염증이 생겼고 그것이 척추의 디스크 판 사이에 덧대어 뼈가 자란 대나무 척추(bamboo spine)라고 하는 모습이 남아 있는 것이다. 내가 이

병에 대한 진단을 받은 것은 정년을 몇 년 남겨 두지 않은 때에 허리가 아파 한의원에 침을 맞으러 갔는데 그 의사가 손으로 허리를 만져보더니 정밀 검사를 해 보라고 권유해서였다. 이후 수도통합병원에서 MRI와 X-ray 검사를 하여 강직척추염이라는 진단을 받았다. 친절한 군의관이 서울 대학 병원에 자기가 잘 아는 의사가 있다고 하여 추가 진료를 하였으나, 병명은 바뀌지 않았고 이제는 치료할 수 있는 단계를 지났다고 하였다. 그러면서, 500명 발병하는 중에 두 명만 자연 치유 되는데 그중에 한 명이 '나'란다. 또, 유전인자 중 B-27이라는 항원이 나타나는 집안에서 남자 쪽으로만 유전된다고 하였다.

그때부터, 역으로 나의 삶에서 강직척추염과 연관되었을 듯한 증상들을 되짚어 보았다. 이 병이 20대의 젊은 나이에 주로 발병하고 아침에 굳은 허리가 활동하기 어렵게 통증을 유발한다고 하는데 아마 생도 시절인 것 같다. 그때는 기상과 동시에 정신없이 뛰어나가 점호에 이어 체조와 뜀걸음을 하고 와서 청소와 정돈을 한 후 교수부에 가서 강의를 듣고 체육 활동이나 구보를 하는 눈코 뜰 새 없는 시간의 연속이었다. 거기다가 상급 생도들의 얼차려도 수시로 받으며 팔굽혀 펴기나 쪼그려뛰기 등 허리에 무리가 가는 활동을 매일 반복하다 보니 허리가 아픈 것은 당연한 상태였다. 그러니 나만 아픈 게 아닌데 어디에다가 하소연할 수도 없었다. 지나고 나서 생각하니 그렇게 허리에 무리가 가는 생활이 나를 자연스럽게 강직척추염에서 해방한 것이 아닌가 하는 생각이 들었다. 이 병은 움직이지 않으면 점점 더 강직이 심하게 와서 일어서서 정상적인 활동이 어려운, 그래서 입대가 면제되는 병인 것이다.

이후에도 수시로 허리가 아팠지만 오래 걷거나 운동을 심하게 하거나 업무가 과중하여 그런 줄 알고 침을 맞고 파스를 붙이는 정도의 대처만 했다. 지금이라면 의심해 볼 수 있는 증상이 눈에 포도막염이 주기적으로 찾아오는 것이었다. 전방에서 대대 작전장교를 하고 있을 때 눈이 충혈되어 안약을 넣어도 더 심해져서 큰 병원에 갔더니 포도막염이라고 하였다. 스테로이드 계열의 먹는 약과 안약을 처방받아 한 달을 고생한 끝에 나았는데 진짜 하늘을 보면 포도 알갱이 같은 것이 떠다니는 형태를 볼 수 있었다. 염증이 아물면서 그 자리가 그렇게 보인다고 했다. 그 이후에도 몇 년에 한 번씩 주기적으로 찾아와 괴롭히더니 군 생활 마칠 즈음에는 일 년에 두세 번 발병하는 정도로 심해졌었다. 누군가가 강직척추염과 포도막염이 밀접하게 연관이 있다는 점에 착안해서 정밀검사를 권유했으면 쉽게 알 수 있었을 터인데 군의관 누구도 그냥 지나쳤다. 아니면 의심은 들었으나 강직척추염 진단이 나오면 전역을 해야 하는 규정을 알고 모른 척했을 수도 있었겠다 하는 고마운 생각도 들었다.

이 병이 40대까지 발병한다고도 하는데 나는 대대장 시절 축구를 하다가 상대방 등으로 떨어져 심하게 고관절을 다친 적이 있다. 병원에서 검사 결과는 이상이 없는데 걷지 못할 정도로 통증이 찾아왔었다. 그래서 유도대를 나오고 뼈를 잘 맞춘다는 합기도 관장을 소개받아 고문과 같은 아픔을 참아 가며 치료를 했는데 그 덕분인지 걷고 뛰는 데 지장이 없을 정도로 나았다. 그리고 새벽마다 온천에 가서 몸을 풀고 출근하는 생활을 일 년 가까이 이어 했고 그때부터 온천이나 사우나에서 몸을 유연하게 푸는 습관이 들었다. 아마 그 시절에 발병했을 수도 있었겠다는 생각도 들었다. 그런데, 가만히 놔두어야 병이 되는데 무식하게 잡아 늘이고 못살게 구니 병이 달아난 게 아닌가 싶기도 하다. 지금도 주기적으로 류머티즘 내과를 방문하여 혈액 검사 결과를 확인하고 의사의 처방을 받아 작은 약 한 알씩 먹고 있는데 발병 원인도 밝혀지지 않았고 앞으로 예후도 알 수 없어 예방 차원의 진료를 이어 가고 있다. 다행히 시골에 들어와서 면역력이 높아지고 아내가 건강식의 식단을 매일 챙겨 주어서인지 포도막염은 더는 발병하지 않고 있다.

인생은 사랑과 고통으로 만들어지고 고통은 극복하는 게 아니라 그냥 견디는 것이라는 말이 새삼 새롭게 다가온다. 앞으로도 점점 약해지는 몸을 추슬러야 하고 병원도 자주 찾아야 할 터인데 부지런히 움직이고 관리를 잘해서 병이 스스로 물러나게 하는 삶을 살아야겠다.

보고 싶은 얼굴들

요사이는 스마트폰과 인터넷으로 연결되어 어지간한 사람과는 연락하고 살 수 있는 세상이다. 그래도 유독 소식은 모르지만 보고 싶은 얼굴들이 떠오를 때가 있다. 오래전 나와 인연을 맺었던 고맙고 안타깝고 미안한 이들이다.

처음 소대장에 부임했을 때 나의 전령을 했던 김 상병이 먼저 생각난다. 결혼하고 군에 왔으니 나와 두 살 정도 차이가 났던 것으로 기억한다. 시골에서 살다 입대하여 적응력이 남다르고 어른스러운 마음 씀씀이로 동료들로부터 신임을 받는 병사였다. 그가 나의 일거수일투족을 보살피며 군화도 닦아 주고 군복도 다려 주고 따뜻한 페치

제2부 나이 듦에 관한 생각 101

카 옆자리에 잠자리까지 다 보살펴 주었다. 야외훈련 나가면 산 중턱까지 따듯한 물을 가지고 와서 세수하라고 텐트 앞에 가져다 놓았고 밥을 타다가 식지 않게 데워 주었다. 특히 야간사격을 잘하여 나의 개인지도 조교를 하였는데 밤늦게까지 그의 조언을 들으며 감을 잡아 나간 결과 며칠 새 어지간히 어두운 곳에서는 거의 다 맞추는 특등사수가 되었다. 그의 첫딸 돌을 맞아 휴가를 신청했을 때 지금의 아내인 여자친구에게 부탁한 아기 옷을 들려 보냈다. 얼마 후, 김 상병 아내가 정성껏 고맙다는 손 편지를 보내와 읽다가 울컥했던 적도 있다. 그로 인해 나의 춥고 힘든 소대장 시절은 마냥 행복할 수 있었다.

그 시절 또 한 명 생각나는 병사는 주 이병이었다. 서울의 중류 가정에서 구김살 없이 자라 대학 국문학과에 다니다 군에 입대한 감수성이 풍부하지만, 마음이 여린 친구였다. 휴일에 막걸리를 겸한 점심을 먹고 낮잠을 자던 중이었다. 갑자기 잠결에 쿵쾅하는 소리와 "으악!" 하는 비명이 들려 잠을 깨었다. 내무반 중간에 주 이병이 발작하는데 여럿이 손발을 누르고 야단법석을 떨고 있었다. 흡사 뇌전증 환자같이 몸에 경련을 일으키는 것이었다. 급히 달려가 어깨를 흔들고 뺨을 때리니 정신이 돌아오는 듯 눈을 뜨는데 동공이 풀린 듯했다. 분대장들이 업고 의무대로 가려고 하던 순간 무슨 생각으로 그랬는지 내가 말했다.

"주 이병! 일어나 완전군장 꾸려. 전령! 내 군장도 싸고."

그 후 둘이 대연병장을 여러 바퀴 돌다가 힘들어하는 것 같아 "괜찮아?" 하니 앞으로 고꾸라질 듯 휘청이다가 왈칵 눈물을 쏟는 것이었다. '됐다.' 싶어 나무 그늘에 앉히고 울음이 그치길 기다려 자초지종을 들었다. 내무반에서 선임들의 말소리만 들어도 가슴이 두근거리고 요사이는 계속 '내가 살아서 나갈 수 있을까?' 하는 부정적인 생각만 든다고 했다. 그가 생활하는 내무반은 맹수가 우글거리는 가운데 가녀린 사슴이 기를 펴지 못하고 사는 형국이었다. 그리고 어머님이 너무 보고 싶다고도 했다. 집에 연락하여 어머님을 면회 오시게 해 드리고 자주 면담하며 강박증과 우울증, 히스테리성 신경증 등에 관해 상담해 주었다. 그래서 점점 적응하더니 일병으로 진급하고 나서는 모범 병사 반열에 올라 생활을 잘했었다.

중대장 시절 기억나는 병사는 2소대장 통신병 송 일병이다. 작은 키지만 당차게 생겨 소대장 전령 겸 통신병을 하던 친구였다. 우리 중대는 첫눈이 제법 발목까지 온 저녁에 연대 전술훈련 평가를 위해 밤새 행군을 하였다. 길이 미끄러워 평소보다 행군이 더 힘들었는데 새벽에 어느 마을 어귀에서 휴식하고 있었다. 화장실에 간다고 군장과 무전기, 총을 놔둔 채 마을로 들어간 송 일병이 출발 시각까지 돌아오지 않았다. 선임하사와 분대장을 남겨 찾도록 하고 우리는 계속 행군을 이어 갔는데 한 시간이 지나도 못 찾아 대대에서 교육장교를 포함한 몇 명이 더 추가되었다. 다행히 눈에 찍힌 발자국을 추적한 결과 두 시간 만에 그를 찾았다. 마을 뒷산 정상까지 올라가 엉엉 울고 있는 그를 발견한 것이다. 하마터면 연중 가장 큰 훈련이 우리 중대로 인해 망치기 일보 직전에 해결이 되었다. 훈련 중 현지 이탈을 했으니 영창을 가는 징계를 받았는데 그럴 친구가 아니라는 의심이 들어 조사를 해 보았다. 훈련 전날 밤에 소대장이 술을 먹고 들어와 감기몸살로 앓고 있는 송 일병에게 훈련 준비 안 했다고 깨워 혼내고 밤늦게까지 괴롭혔다는 것이다. 그 주 휴일에 통닭을 사서 영창에 면회 갔다. 헌병대 당직 간부에게 특별히 부탁하여 간부 사무실을 빌려 그와 면담을 하면서 '내가 다 알고 있다. 소대장 다칠까 봐 네가 입 다문 것을.'이라고 이야기하자 울음이 터졌다. 그러면서 소대장은 징계 받으면 안 된다고 신신당부하는 것이었다. 영창 징계를 받으면 당시에는 다른 부대로 보직이 바뀌었는데 송 일병은 원복을 희망하여 중대로 복귀하였고 모범 병사로 잘 근무했었다.

 또 한 병사가 기억에 남는데 대대장 시절이었다. 병력을 분류하는 부관 참모에게서 내가 한 병사를 책임져야겠다고 했다. 그 병사 아버지가 강력히 권유하여 168㎝ 키에 몸무게 105㎏ 나가는 병사가 신병교육대에 들어왔는데 어디 보낼 부대가 없다고 하소연하면서 잘 부탁한다. 그렇게 들어온 김 이병은 보기에도 고도 비만에 행동이 굼떴다. 할 수 없이 사령부로 걸어서 문서를 전달하는 인사과 전령 보직을 주면서 사령부 간부들한테 특별히 부탁하였다. 그 이후, 나름 귀엽게 생겼다며 사령부 간부들이 수시로 데려다가 커피도 주고 대화도 해 주면서 적응하는 데 도움을 주었다. 그러던 중, 일주일 내내 정신교육을 집중적으로 하는 기간에 부모가 와서 교육하는 프로그램이 있었다. 집에 연락하여 교육하고 싶어 하는 부모를 찾는데 김 이병 아버님이 오시겠다고 하셨다. 대대원 전체 앞에서 강의를 하는데 늦게 둔 아들이 너무 예뻐 퇴근길에 버스가 멀리 보이면 얼른 아이스

크림을 사서 탄 다음 녹기 전에 주려고 뛰어 집에 도착했다는 얘기를 했다. 어릴 때 한약을 잘못 먹여 고도 비만이 된 아들 때문에, 평생 아버지로서 후회하며 산다고, 못난 아들이지만 자기에게는 최고의 아들이라고 이야기하는데 모든 병사의 눈에 눈물이 맺히고 김 이병은 엉엉 울었다. 내가 대대장을 마치고 사령부에 있을 때도 가끔 보여서 격려해 주었고 무사히 전역하였다.

최근에 같이 근무했던 병사를 만나 보면 나는 기억하지 못하는데 그들은 축구 시합을 하다가 쉬는 시간에 다리를 주물러 준 것까지 기억하고 있었다. 그래서 내가 한 말이나 행동이 멀리 허공에 흩어졌다가 먼 훗날 어느 병사의 가슴속에 남아 있을 것이라는 생각을 가끔 해 본다. 그러면서 제발 긍정적이고 아름다운 추억으로 남아 있기를 빌어 본다.

베트남 푸꾸옥섬 여행

코로나-19가 어느 정도 진정되어 해외여행이 자유로워질 즈음 막내딸에게서 베트남 푸꾸옥섬 여행을 가자는 제안이 왔다. 처음 들어보는 지명인 데다 전혀 생각하지 않은 여행이라 망설였을 때 막내가 다 알아서 할 테니 따라만 오면 된다는 것이었다. 대략 승낙하고 인터넷으로 푸꾸옥을 찾아보았다.

푸꾸옥은 베트남 서남단에 있는 본토에서 50㎞ 떨어진 섬이다. 면적은 589㎢이고 인구가 18만이니 제주도의 1/3 정도 되는 베트남에서 가장 큰 섬이다. 캄보디아와 가까워 영토분쟁을 하였던 곳이고, 프랑스 식민지였다가 베트남 전쟁 때에는 미군의 포로수용소가 있었던 지역이다. 어업과 농업이 주였으나 정부에서 특별경제구역으로 지정한 후 본격적인 관광 인프라를 구축하고 있다. 또한 해안을 연하여 호텔과 리조트, 위락시설들이 즐비하게 들어서 있어 흡사 제주도와 비슷한 풍경을 연출하는 곳이다.

막내딸 인솔하에 아내와 함께 떠난 여행에서 내가 한 일이라곤 집에서 인천공항까지 차를 운전한 것밖에 없다. 여행 준비도 아주 간단하게 배낭 하나에 책 한 권, 수영복과 갈아입을 옷만 넣고 짐을 꾸렸다. 막내의 배려로 호캉스 위주의 여행이기 때문이었다. 언제 저렇게 컸나 싶을 정도로 수속과 안내를 하는데 한 치의 빈틈도 없었다. 사실 막내는 내가 진급에 비선되어 실의에 빠져 있을 때 하나님의 선물같이 우리에게 찾아온 생명이었다. 아내의 첫 시집 제목이 《늦둥이》인 것만 봐도 우리에게 무한한 행복을 안겨 준 아이다.

"어여쁜 것이 어찌 꽃뿐일까? / 반(半) 미수(米壽)에 / 꽃보다 더 예쁘게 / 태어난 / 나의 분신! / 볼 부비며 / 앙가슴 파고들면 / 입덧부터 태동이 살아난다. (중략)"

아내의 시 〈늦둥이〉의 일부이다. 내가 전역했을 때 초등학교 6학년이었고 시골에 전원주택을 짓고 들어온 관계로 중학교 내내 통학을 전담했으며 고등학교 시절에도 기숙사에 데려다주고 데려오는 게 나의 일상이었다. 덕분에 중학교 운영위원장도 2년을 했고 학생들에게 미래의 꿈에 대해 강의도 했었다. 마당에서 배드민턴도 같이 치고 눈

사람도 만들며 같이 놀았고, 친구들 데리고 오면 다락방에 재워 주며 숯불에 고기도 구워 주는 등 시골 생활의 활력소가 되었던 아이였다.

인천공항에서 직항로로 다섯 시간쯤 걸려 푸꾸옥 공항에 내리니 남국에 왔다는 것이 실감 나게 야자수와 후텁지근한 날씨가 우리를 반겨 주었다. 리조트에서 마중 나온 차를 타고 50분 정도 북쪽으로 가니 숲속에 야자나무 잎으로 이엉을 엮어 만든 펜션들이 가득한 리조트에 도착하였다. 우리가 묵을 펜션에는 개인 풀장과 흔들의자가 있었고 보조 침대까지 3명이 잘 수 있도록 배치되어 있었다. 대충 짐을 정리한 후 택시를 타고 10분 거리에 있는 그랜드월드로 갔다. 어스름 해가 지는데 마치 이탈리아의 베네치아를 연상케 하는 도시로 화려한 조명 아래 도시 가운데로 운하를 만들어 유람선이 다니게 해 놓은 곳이었다. 저녁은 맛이 익숙한 중국 음식인 딤섬과 북경 오리를 시켰더니 푸짐하고 깔끔하게 나와 맛있게 먹었다. 이후, 리조트 패키지로 들어 있는 마사지를 받으러 갔다. 빗소리가 천정에서 리듬을 타고 두드리는 가운데 정성스러운 마사지를 받으니 스르르 잠이 올 정도로 피로가 말끔히 풀렸다.

다음 날 새벽, 아내와 나는 어스름에 일어나 산책하러 나갔다. 얼마 안 걸어 해변이 나왔고 게들이 숨바꼭질하는 모래사장을 걷다 보니 해돋이를 볼 수 있었다. 에메랄드빛 바다에 발을 담그며 백사장을 맨발로 걸으니 상쾌한 날씨와 어우러져 날아갈 것만 같은 기분이 되었다. 아침은 뷔페식으로 맛있게 먹고 메인 풀장과 바다를 오가며 물놀이를 즐기다가 방에 들어와 쉬고 개인 풀장에서 또 물놀이를 하는 행복한 하루를 보냈다. 풀장에서 하늘을 보니 제비가 떼를 지어 날아다니는데 초여름, 강릉 어느 순두붓집 처마에서 새끼를 낳아 데리고 들어온 그 제비 같았다. 그러고 보니 여기가 제비가 겨울을 난다는 강남땅임을 알 수 있었다.

저녁은 바다가 보이는 식당에서 메뉴판을 보며 골라 먹는 곳이었는데 내가 고른 농어찜은 싱겁고 맛이 없어 맥주로 배를 채웠다. 아내와 딸은 샌드위치, 쌀국수 등 맛이 이미 연상되는 음식을 시켜 맛있게 먹는 것이었다. 그다음 날 저녁도 나는 고추장삼겹살을 시켰는데 삶은 고기에 고추장을 접시 밑에 깐 국적 불명의 요리를 대하고 실소부터 나왔다. 여행 오면 현지식 위주로 먹어야지 한국 음식 먹는다고 고집 피운 내가 잘못이란다.

저녁에 마사지를 받고 잔 다음 날도 새벽 산책부터 저녁까지 물놀이하고 마사지를 받으며 푹 쉬는 일정이 계속되었다. 우리가 지낸 펜션으로 오는 중간에 플루메리아나무가 하얀 꽃을 피우고 진한 향기를 뿜고 있었다. '러브 하와이'라고도 하는 꽃인데 하와이 여인들이 꽃목걸이를 만드는 그 꽃이다. 꽃말이 '당신을 만난 건 행운입니다.'라고 해서 아내와 막내의 귀에 꽂아 주었다. 밤에는 남쪽에 유난히 밝게 빛나는 별을 보니 현인 가수의 '남쪽 나라 십자성은 어머님 얼굴'이라는 노래가 생각나면서 베트남 전쟁에 참여했던 선배들이 있던 곳이구나 하는 아련함도 몰려왔다.

3일 차에는 남쪽으로 내려와 혼똔섬으로 가는 케이블카를 타러 갔다. 7.9㎞로 세계에서 두 번째로 긴 길이에 180m 높이까지 올라가는데 아래로는 세 개의 작은 섬과 바다를 가로질러 환상의 풍경을 보여주었다. 혼똔섬은 슬라이딩, 파도풀, 유수풀 등 물놀이 시설이 잘되어 있어 아이들의 천국이었다. 바닷가에는 제트 스키 등 수상스포츠를 즐길 수 있는 곳이 있었는데 우리는 한 바퀴 돌아보고 더위를 시킬 겸 돌아오는 케이블카를 기다리며 카페에서 차를 마시고 쉬었다.

셋째 날 묵은 호텔은 방이 두 개라서 막내딸이 그동안 엄마, 아빠 코골이 땜에 설친 잠을 자겠다고 일찍 방에 들어가는 것이었다. 귀국하는 날도 새벽에 바닷가를 산책하고 호텔 풀장과 바다에서 오전을 보낸 후 오후 늦은 비행기로 돌아왔다.

이렇게 막내의 효도 여행과 우리 부부의 외동딸 프로젝트 여행이 마무리되었다. 푸꾸옥에는 사파리와 아쿠아리움을 포함해 볼거리가 많았으나 우리는 막내의 배려로 편한 호캉스 위주의 여행을 하였다. 우기가 끝나 가는 시기라서 날씨도 아주 좋았고 먹거리도 내가 잘못 선택한 메뉴만 빼면 만족스러웠다. 기간에 우리나라에서는 괴산 지진과 이태원 참사가 있었다고 하여 마음이 아팠으나 우리는 꿈같은 며칠을 따뜻한 남쪽 나라에서 호사스럽게 보냈다. 막내딸을 키운 보람이 새삼 컸고 참 잘 자라 주어 고맙다는 얘기를 이 자리를 빌려 해 주고 싶다.

내 맘대로 되지 않는 운동

서울에서 예비군을 관리하는 부대의 연대장으로 재직 시의 일이다. 가족회의를 통해 여주에 전원주택을 지어 노후를 보내기로 한 다음 대대장과 식사하면서 그 이야기를 했다. 그랬더니 한 대대장이 "연대장님! 빨리 골프를 배우십시오." 한다. 이유인즉슨 시골에 밥 먹으러 오라고 하면 갖은 핑계를 대어 안 오지만 골프를 치자고 하면 세 명은 무조건 만날 수 있다는 것이다. 노년에 늦게까지 할 수 있는 운동이 골프라고도 부추겼다.

나이 들어 시작하는 것이 부담되었지만 일리 있는 말이기도 해서 배울 결심을 했다. 젊어서부터 골프를 쳤던 대대장이 주변을 물색하

제2부 나이 듦에 관한 생각 111

여 프로선수로 활동하다가 실내 연습장을 차린 나이 지긋한 코치를 섭외해 주었다. 젊은 사람에게 개인지도를 받으면 유연성이 떨어져 있는 내 신체를 이해 못 한다는 이유였다. 그날부터 열심히 연습장에 나가 손이 부르트도록 공을 때리고 책을 구해 이론교육도 병행하면서 석 달을 보내니 겨우 공을 맞힐 수 있는 수준이 되었다. TV에 방영되는 골프 경기와 교육 프로도 자주 시청했다. 다음으로 실거리 연습장에 가서 공을 치는데 왜 이리 안 맞는지 짜증이 나고 흥미가 확 떨어지곤 했다. 힘이 잔뜩 들어가니 땀도 비 오듯 쏟아지고 온몸이 안 아픈 데가 없는데도 치고 또 쳤다. 지금이 아니면 영영 배울 기회가 없겠다 싶어서 재미는 없었지만 미친 듯 휘둘러 댔다.

　행정이나 교육기관에서 근무한 장교들은 일찍 골프를 접했고 대도시 주변에 근무한 친구들도 연습장에서 배울 기회가 많아 골프를 즐기고 있었다. 게다가 해외에 파견이나 교육을 갔다 온 친구들은 대부분 잘 쳤다. 그에 비해 나는 유독 골프와 거리가 먼 전방과 야전에서 근무하다 보니 아예 생각조차 해 보지 않았던 듯하다. 대령 진급 후 '이제 좀 배워 볼까?' 하고 생각했는데 철원의 참모장으로 보직되어 축구와 테니스, 등산을 하며 체력을 단련하였다. 그 후에도 GOP 연대장과 참모를 계속했으니 접할 기회조차 없었다.

　드디어 머리를 올리는 날이 왔다. 휴일에 태릉골프장에 부킹하고 골프를 권유했던 대대장 등과 필드에 나갔다. 단풍이 드는 계절에 노송이 우거진 아름다운 풍경 속에서 아직은 녹색을 머금은 잔디를 밟으며 공을 치는데 기분이 상쾌했다. 그러나 공은 전혀 예측하지 못하는 곳으로 굴러가서 나와 덩달아 대대장도 이리 뛰고 저리 뛰며 정신없이 필드를 누볐다. 운동을 마치고 식사 자리에서 첫 라운딩치고는 아주 선방했다며 동반자들이 내가 골프에 대한 재능이 있다는 뻔한 거짓말을 했다.

그렇게 시작한 골프는 골프장을 운영하는 사령부에서 전역하기 전까지 삼 년을 근무하는 행운을 내게 가져다주었다. 그러나 '재수 없는 놈은 뒤로 넘어져도 코가 깨진다.'라는 속담처럼 서너 번 운동하고 난 연초에 천안함 폭침 사건이 터지면서 골프 전면 중지 지시가 하달되었다. 그렇게 한여름이 지나고 가을에 접어들어 곧 금지가 풀린다는 기대를 하고 있는데 웬걸, 이번엔 연평도 포격 사건이 터졌다. 동료들과 골프장으로 난 산책로를 걸으면서 "아휴! 그 코흘리개 김정은이가 다 망치는구면." 하는 농담을 하곤 했다. 군인이 골프를 치려고 하면 김정은이한테 허락을 맡아야 한다는 얘기도 주고받았다.

시간이 흘러 골프를 다시 하게 되었을 때는 곧 사회인이 될 준비를 해야 할 시기가 다가올 때였다. 다행히 주말에 골프 티를 받을 수 있는 직위에 있었기 때문에 전역 후 함께할 동반자를 찾는 운동을 계획하고 실행에 옮겼다. 우선 예전에 같이 근무한 선후배들과 동기들의 명단을 작성하고 학창 시절 친했던 동창과 사회 지인 중 골프를 치는 사람들을 선별했다. 그리고 세 명씩 라운딩하면서 운동할 때의 매너도 보고 대화를 통해 그의 삶을 재조명하는 기회를 얻곤 했다. 오래 함께할 사람과 한 번으로 족한 이들이 운동하고 식사를 하는 대여섯 시간 동안 대충 가려지곤 했던 것 같다. 함께하고 싶은 이들은 시간 약속을 잘 지키고 나와 루틴이 잘 맞아 물 흐르듯 경기가 진행되는 이들, 플레이가 안 되어도 성질내지 않는 사람들이었다. 또한, 유쾌하고 즐겁게 남을 기분 좋게 만드는 사람과 스스로에게는 엄격하면서도 남을 배려하며 규칙을 잘 지키는 사람, 동반자의 샷에 리액션을 크게 하며 칭찬하는 사람들이었다. 반대로, 예전에 나의 상관이었다고 목에 힘을 주거나 자신에게 유리하도록 볼을 옮기는 사람, 괜스레 도우미에게 짜증 내거나 탓을 하는 사람은 다음에 별로 만나고 싶지 않았다. 인색하게 구는 이들도 그중에 한 사람이었다.

골프는 건강은 물론 시간과 돈, 함께할 동반자가 있어야 가능한 운동이다. 전역 후에는 고등학교와 동기생들 골프동호회에 가입하여 안정적으로 운동 기회를 얻게 되었다. 그리고 한번 운동한 지인들이 알을 까듯이 다음에 다른 이들을 동반하고 와서 점점 더 인맥이 늘어났다. 심지어 중대장 시절 서무계와 근무병하고도 같이 라운딩하는 즐거움을 맛볼 수 있었다. 아무리 여러 번 실전을 경험하고 연습해도 더는 점수가 낮아지지 않았고 실수하는 횟수가 조금씩 줄 뿐인데 그냥 사람이 좋고 주변에 핀 장미와 연꽃, 청포 등과 잘 조경된 나무들을 보고 즐긴다. 이른 새벽 소풍 가듯 주섬주섬 장비를 챙겨 피어나는 물안개를 감상하며 달려와 운동을 한다.

요사이엔 골프 인구가 천만을 넘어섰다고 하며 스크린 골프를 치는 사람도 사백만 가까이 된다고 한다. 항간에는 골프 치는 사람과 골프 안 치는 사람으로 분류한다는 말이 생겨났을 정도로 대중화되었다. '신이 만든 작품 중 최고는 인간이며 인간이 만든 최고의 놀이는 골프다.'라는 격언처럼 골프는 아무리 오래 많이 해도 싫증 나지 않는 운동이다. '점수를 깬다.'라는 말처럼 나날이 자신의 점수를 깨는 묘미가 있고 바람과 기온, 잔디의 결과 공이 놓여 있는 상태, 벙커와 러프, 그린 경도에 따라 셀 수 없는 경우의 수가 나오는 운동이다. 술 먹고 난 다음 날이라든가, 잠을 설친 아침 등 자신의 몸 상태에 따라 수시로 바뀌는 게 골프이고 심지어 동반자의 플레이에도 많은 영향을 미친다. 나는 언제부터인가 점수에 집착은 하지 않는다.

골프를 인생에 비유하는 경우가 많다. 내리막이 있으면 오르막이 있고 우연의 행운과 불운이 교차하며 내 맘대로 되지 않으니까. 골프공을 넣는 홀컵의 크기가 108㎜인데 거기까지 오는 동안 백팔 번 뇌를 하면서 도를 닦는 의미라는 조크가 있다. 게다가 골프와 자식은 한번 인연을 맺으면 죽을 때까지 함께하고 언제나 똑바로 가기를 염원하며 끝까지 눈을 떼지 않아야 하는데 다른 길로 빠져나가 비뚤어지기에 십상인 경우가 다반사이다. 오죽하면 골프와 자식은 내 맘대로 되지 않는다고 했을까? 나에게 골프를 배우도록 지도해 준 이들과 가르쳐 주며 함께한 분들에게 고마움을 전하며 내일도 열심히 즐겁게 운동하러 가야겠다.

여군 장교 결혼 주례

GOP 담당 연대장 시절 나는 열악한 근무 환경에 묵묵히, 열심히 근무하는 간부들이 항상 안쓰러웠다. 그래서 조금이나마 희망을 주기 위해 전 간부에게 '10년 후 다시 만나자.'라는 글귀를 새겨 메달을 선물했다. 드디어, 10년 후 우리가 근무했던 연대본부에서 홈커밍데이 행사를 했다. 나는 전역한 지 2년이 지났지만, 아직도 현역으로 근무하는 이들이 많은 탓인지 서른 명 정도 참석했다.

홍일점이었던 화학 장교도 참석했는데 아직 미혼이었다. 아담한 체구에 자존감이 높고 긍정적이며 명랑한 장교였는데 보기보다는 강단이 있었던 것으로 기억된다. 간부 축구 경기를 할 때면 거의 빠지

116 계급장 떼고 10년을 살아 보니

는 경우 없이 참석하여 수비수를 했는데 나를 전담 마크하기도 했다. 공을 잘 다루는 것은 아니라서 애교를 섞어, 나보고 "오지 마세요!" 하고 소리쳐 웃게 하곤 하였다. 전투단 야외훈련 때는 검은 위장 분칠을 원칙대로 하여 눈의 흰자위와 웃을 때 치아만 보이기도 해서 또 나를 미소 짓게 했다. 상급 부대 화학 분야 검열이나 측정에도 항상 상위권 성적을 올리곤 했지만, 적과 직접 마주하고 있는 GP와 GOP에 지휘 역량을 집중하느라 변변한 격려 한 번 못했던 것 같다.

홈커밍데이 만찬이 끝나 갈 무렵 내년 초에 결혼한다며 느닷없이 나에게 주례를 부탁하는 것이었다. 이유가 더 현실적인 게 나이가 차서 결혼하는데 늦둥이가 있는 내가 주례를 서면 아이를 쉽게 가질 수 있을 것 같아서란다. 연대장 시절 우리 막내가 네 살쯤 되어 주말에 오면 매주 교회 가던 모습을 기억하고 있었다. 신랑은 대학 선배로 검도 동아리를 같이 했던 사이인데 헤어진 후 일본의 명문대에서 어려운 의공학 박사 학위를 취득하느라 자연 노총각이 된 사람이라 했다. 본인은 여군 전역 후 사회생활을 하다가 다시 군무원 시험에 합격하였단다. 그 기념으로 일본 여행을 갔는데 연락이 닿아 하루 여행 가이드로 데이트를 한 후 헤어졌단다. 다음 날부터 신랑이 대만에 학술회의가 있었는데, 가서 7일을 심각하게 고민하다가 평생 반려자라는 결심을 굳히고 연락이 왔다고 했다. 그 후 한국과 일본을 사이에 둔 현해탄 연애를 일 년쯤 하다가 결혼 날짜를 잡은 것이다. 그 얘기를 듣는데 7일은 하나님이 이 세상을 창조하시고 "참 좋았다."라고 하신 기간 아닌가? '운명이구나.' 하는 생각이 들었다.

결혼식 날은 일찍 도착했더니 시간이 충분히 남아 예식장 아래 카페에서 쉬게 되었다. 아내와 막내와 함께 갔었는데 카페에 들어오는 이들이 일흔 넘은 듯 보이는 연로한 분들이 대부분이었다. 짐작으로 양가 부모님 친지들 같았다. 눈치를 채고 막내가 대뜸 귓속말을 했다.

"엄마! 난 결혼 일찍 해야겠는데? 아빠, 엄마 친구분들 늙어서 못 오면 어떡해?"

아내와 난 웃다가 생각하니 일리가 있었다. 막내가 서른에 결혼해도 우리 부부가 일흔을 훌쩍 넘긴 나이가 되니 지금 보는 풍경과 아주 흡사할 것이었다. 속세의 의무 중에는 자식을 출가시키는 것도 들어 있는데 막내 결혼을 위해서는 우리 부부가 건강을 지키며 젊게 살아야겠다는 생각도 들었다. 간단한 덕담으로 주례사를 하면서 오랫동안 지켜봐 주는 인생의 지원자 역할을 하겠노라고 다짐해 두었다.

일본에서 신접살림을 차린 부부는 나에게 일본 가족 여행을 제안했었으나 차일피일 미루는 사이 그들이 한국에 자리를 구해 들어왔다. 그러던 어느 날, 임신 초기엔 불안해서 숨기고 있다가 5개월이 지났을 때 임신 사실을 알려 왔다. 결혼한 지 삼 년이 넘은 때였으니 '많이 힘들었겠구나.' 하는 생각이 들어 진심 어린 축하를 건넸다. 꽤 고생 끝에 마흔 넘은 노산임에도 무사히 출산했다고 또 연락이 왔다. 친한 친구 어머님 조문하러 아내와 운전해 가는 차 안에서 그 얘기를 들으니 생로병사(生老炳死)는 인간의 영역이 아닌 신의 영역임을 새삼 깨닫게 되었다.

아기의 사진을 받아 보니 백일 전인데도 웃음부터 배운 듯, 웃는 얼굴이 '천사가 있다면 이런 모습이겠구나.' 싶었다. 가끔은 선물도 주고받으며 지내던 중 돌쯤에 내려오겠다고 연락이 왔으나 코로나-19 위험이 한창이었을 때라 만류하였다. 커 가는 모습은 동영상과 사진으로 자주 보았는데,

"아이고! 그랬어? 누가? 누가?"

"어머나! 그래, 그렇지. 아이고 잘한다."

세계 모든 엄마의 공통 언어로 어르고 추스르길 하면서 행복한 장면을 연출했다. 그랬다. 행복의 가장 단순한 정의는 자주 감탄하는 것이라 했는데 바로 그거였다. 행복의 기준이 '하루 중 기분 좋은 시간이 얼마나 되는가?'라면 아기와 같이 지내는 엄마는 행복의 화수분 같았다.

코로나-19가 잠시 주춤한 봄날 드디어 그 가족이 우리 집에 내려왔다. 차가 밀리는 바람에 차 안에 오래 있어서 피곤했는지 아기는 들어오자마자 칭얼대더니 금방 잠이 들었다. 그사이 부부와 밀렸던 이야기보따리를 풀어 근 두 시간의 오찬이 이어졌다. 그중에는 한국 사회의 학연, 혈연, 지연 문화에 대해 안타까움도 있었다. 의공학 분야에서 노벨상 수상자를 여섯 명이나 배출한 대학의 학위를 가지고도 취직하는 데 어려웠다고 호소했다. 이야기가 거의 마무리될 즈음 부스스 눈을 뜬 아기는 밥도 잘 먹고 기분이 좋아져 재롱을 부리는데 아직 손주가 없는 우리 부부는 자지러질 듯 호응하였다. 엄마 아빠 편하게 밥 먹으며 얘기하라고 잠이 든 효녀라며 치켜세우기도 하였다.

제2부 나이 듦에 관한 생각 119

아내는 바깥에 데리고 나가 봄꽃을 만지게 하고 잔디밭에 뒤뚱거리며 뛰어노는 모습을 카메라에 열심히 담아내었다. 그렇게 즐거운 한때를 보내고 간 뒤 얼마 전 보내온 영상에는 많이 커서 딸랑딸랑 엉덩이춤을 추고 눈썰매장에서 엉금엉금 기는 모습도 보내왔다. 같이 다니는 엄마 아빠가 더 신이 나는 모습을 보면서 '그래. 이게 사는 맛이지!' 하고 혼자 저절로 미소가 나왔다.

바다가 보고 싶다고 다 바다로 달려가는 것은 아니듯이 사랑한다고 다 결혼하고 아이 낳고 사는 것은 아니다. 하나님이 주신 최고의 선물인 아기를 통해서 얻는 삶의 희열은 무엇과도 비교가 되지 않는 것 같다.

'사랑 없는 고생은 고통이지만 사랑이 있는 고생은 행복을 안겨 주는 것이 인생이다.'

아이들을 키워 보면 수긍이 가는 명언이다. 주례사에서 약속했듯이 나이 든 사람들의 의무인 젊은이의 지원자가 되기 위해서는 나와 우리 부부, 우리 가족이 잘 사는 모습을 보여 주어야 함을 다시 한번 새긴다. 전통을 물려주는 의미 수호자로서, 든든한 어른으로 살아갈 것을 다짐해 본다.

나이 듦에 관한 생각

내가 만 65세가 되었을 때 '지공거사'가 되었다고 친구들이 한마디씩 했다.

'지대한 공을 세운 사람(支功居士)'이라는 좋은 뜻도 있지만, '지하철 공짜로 타는 사람(地空居士)'이라는 은어로 쓰이는 말이다. 내가 세상에 태어나 살아온 지 많은 시간이 지났음을 깨달으며 나이 듦에 관하여 생각을 하게 되었다.

문명과 의학이 발전하면서 우리의 평균수명은 급속도로 늘어나 여든 중후반에 이른다. 기원전에는 평균 스무 살을 갓 넘겼었다는데 20세기 초에는 마흔일곱 살로 늘었다가 2010년에 드디어 여든 살이 되

제2부 나이 듦에 관한 생각 121

었다고 한다. 그러니, 우리 할아버지 세대에는 스무 살 전후에 동생과 아들이 동시에 태어나는 경우가 다반사였고, 회갑 잔치가 큰 마을 행사였다. 그러나 이제는 죽고 싶어도 못 죽는 시대가 되었으며 늙어져도 안 죽으니 나이 들어 잘 놀자는 말이 전혀 낯설지 않다.

통상 노년기는 자신의 삶을 책임지며 살아가는 자립기, 노쇠가 점점 빨라지고 활동량이 급격히 줄어드는 자립도 저하기를 거쳐 혼자 생활하기 힘들어 요양이 필요한 시기로 진행된다고 한다. 개인차가 심하지만 대략 일흔다섯을 전후하여 자립도 저하기가 온다고 한다. 심리학자 에릭슨은 인간의 발달과정을 8단계로 나누었는데 노년기를 대략 예순다섯부터 시작하는 것으로 이 시기에는 성공적인 삶을 돌아보고 후회 없는 삶을 마무리하기 위한 작업에 집중하는 때라고 보았다. 바쁜 시기가 지난 성숙기로 오로지 자신을 위해 살면서 자신의 삶을 수긍하고 긍정적인 평가를 통해 자아통합을 이루거나, 이에 실패하면 절망에 이른다고 하였다. 그런데 최근 UN에서는 65세까지 청년, 79세까지를 중년, 80세부터 노년이라 하자고 권고한 바 있다. 아흔이 넘어서도 현직에서 활발히 활동하거나 책을 집필하는 경우를 종종 보게 되니 노년을 일괄적으로 정의하기는 쉽지 않은 시대가 된 듯하다.

역사적으로 볼 때 장수하기 위한 수많은 노력이 있었고 무병장수를 가장 많이 기원하였으며 심지어 진시황제는 불로초를 구하기 위해 백방으로 사람을 보냈으나 그도 50세에 죽음을 맞이하였다. 그러나 지금 시대에는 너무 오래 살아 장수가 소수의 사람에게는 축복이지만 많은 이들에게는 불행, 또는 재앙이 되는 경우를 종종 보게 된다. 아프고 병들어 오래 사는 경우나 빈곤하게 오래 사는 경우, 외롭고 고독하게 혼자 오래 살거나 할 일 없이 무료하게 오래 사는 경우를 종종 보게 되는 것이다. 정년 이후 속세의 의무를 다했다고 죽음만 기다리며 뒷방 신세를 지고 아무 일도 안 하고 산 세월이 삼사십 년 되는 예도 있다.

그래서 '백세시대'에는 늘어난 수명을 어떻게 재미있고 보람되며 행복하게 살 것인가가 현대를 사는 우리의 화두가 되었다. 심리학의 발달이론에서 죽음을 맞이하는 순간까지 인간은 성장한다는 학설이 지금의 정설로 받아들여지는데 마음의 성숙과 지혜가 나이 들수록 더 성장하고 성숙해지는 삶으로 발전하는 것이다. 오늘의 삶이 내 인생에 가장 절정의 시기이며 중년은 본인이 중년이라고 생각할 때, 노년은 본인이 노년이라고 생각할 때임을 자각하고 항상 마음을 젊게 가꾸려고 해야 한다. 스스로 노인이라고 생각하더라도 젊은 노년을 오랫동안 유지하는 방법을 깨우치고 습관화하는 것이 중요하리라.

나는 공식적인 노인인 만 65세가 되었을 때 늙은 나 자신을 스스로 책임지는 삶을 살겠다고 다짐했다. 나에게도 외출을 못 하는 사회적 단절의 시기가 오고 나서 침상을 못 벗어나는 생물학적 고립의 시기를 거쳐 밥을 먹지 못하는 죽음을 앞둔 시기가 올 것이다. 그래서 언젠가는 남의 도움을 받을 수밖에 없겠지만 그 시기를 최대한 늦추고 짧게 지나가게 할 수 있는 노년의 습관을 길러야겠다. 우선 규칙적인 운동을 계속하여 체중을 일정하게 유지하고 혈압과 혈당을 적절히 조절하는 것이다. 깨어나는 순간부터 감사하는 자세로 하루하루를 살고 가족과 친구들 지인들과 많은 대화를 나누며 살아야겠다. 소수의 친한 친구도 좋지만, 그들이 떠나갈 때의 충격을 완화하도록 가까이에 사는 이들과도 친분을 유지하며 살겠다. 옛 속담에 '멀리 있는 물로는 가까이 있는 불을 끄지 못한다.'라고 하였듯이 취미와 생각이 비슷한 이들과의 교분도 꾸준히 유지해 나가겠다.

우리는 초, 중, 고, 대학까지 16년을 배워서 정년 때까지 활용했는데 백세시대를 살려고 하면 남은 40년을 살아야 할 공부를 적어도 10년은 해야 하지 않을까 생각한다. 그렇게는 못 하더라도 항상 배우는 자세로 책을 읽고 새로운 지식을 습득하려는 노력을 계속해야 할 것이다. 빠르게 변화하는 전자기기의 사용도 수월하게 하고 새로운 정보도 자주 접해야 할 것이다.

우리가 살면서 분노를 조절하지 못하여 돌이킬 수 없는 낭패를 보는 경우가 종종 있는데 나이 들수록 고집이 세어지고 화가 더 치민다고 한다. 무시당하거나 구박받는다고 생각할 때, 몰라서 답답할 때 젊었을 때는 참을 만한 일도 벌컥 화를 내는 경우가 종종 있다. 그러니, 웃음을 보약처럼 여기고 자주 웃는 습관을 지니도록 해야겠다. 화가 치밀어 오를 때 참고 웃는 연습을 하면 확실히 잘 통제되는 것을 경험하곤 한다. 이제는 점점 신체적인 반응 속도가 느려지고 몸이 말을 듣지 않을 때가 많을 텐데 당황하거나 성급하게 굴지 말고 나이 든 만큼 침착하고 차분하게 행동해야겠다. 마음도 더욱 유연하게 남의 말을 경청하며 공감하고 이해하며 잘 들어 주는 자세를 가져야 할 것이다. 나의 젊은 시절 경험담, 무용담이나 공치사도 삼가고 젊은 사람을 배려하는 자세로 대화해야겠다. 그리고 날마다 몸을 깨끗이 씻고 옷을 말끔하게 입으며 자신의 외모도 멋을 내어 가꾸겠다. 나이에 걸맞게 치장도 하고 살며 어디에 가더라도 품위를 잃지 않는 멋쟁이 노신사가 되려고 한다. 그것이 아내와 자식들 욕 안 먹이는 방법일 것이다. 욕심을 줄이고 나누어 주려는 자세를 가지며 내 주변에 불필요하거나 잘 쓰지 않는 물건을 수시로 정리하며 살아가겠다. 남에게는 친절을 베풀면서도 나 자신에게는 고무줄처럼 팽팽하게 살다가 어느 순간 딱 끊어지는 긴장감을 가지고 사는 노년을 살아야겠다. 그리고 아름다운 영혼을 가꾸어 죽음을 미리 준비하는 삶을 살겠다. 삶은 죽음을 이해하는 도구이고 죽음은 삶을 풍요롭게 하는 가치이기 때문이다.

나이가 들면서 내 노년의 삶은 가을처럼 풍성한 열매를 맺어 젊은 이들에게 나누어 주는 성공한 어른으로 살고 싶다. 그리고 죽음이 살아 있는 모든 순간에 준비해야 할 인생의 목적임을 깨닫고 존엄한 임종을 맞이할 수 있도록 남은 생을 살고 싶다.

제3부

김 병장의 마지막 인사

권투가 맺어 준 인연

나의 20대 초반은 육군사관학교에서 보냈다.

육사 합격자 발표가 나면, 입교 전 4주간 동안 기초군사훈련을 통해 사관생도로 거듭나는 아주 혹독한 검증 과정이 있다. 민간인에서 군인으로 변신시키겠다는 목표 아래 가혹하게 단련시키는 이 기간을 못 견디면 약 10% 젊은이가 낙오하여 집으로 돌아가기도 한다. 나는 시골에서 자라 십 리 넘는 등하굣길을 걸어 다니는 고생을 해 봤고, 준마(駿馬) 같은 다리를 물려주신 부모님 덕분에 큰 어려움 없이 과정을 마칠 수 있었다.

그렇게 입학한 1학년 생도 생활은 '두더지'라는 별명으로 부르는 데서 알 수 있듯이 고난과 고통의 연속이었지만 봄가을 축제와 미팅 등 나름, 낭만도 있는 생활이었다.

매년 화랑 축제를 앞두고 중대 대항 체육대회가 열리는데 치열하기가 전쟁터를 방불케 했다. 구기 종목은 인기가 많아서 소질 있는 생도가 선수로 뛰고, 태권도, 유도, 검도는 유단자 중에서 선발하였다. 운동신경이 무디거나 특별한 재주가 없는 생도는 어쩔 수 없이 비인기 종목인 럭비나 권투를 하게 되었다.

공과 친하지 못하고 잘하는 운동이 없었던 나는 기초군사훈련 시 지도 생도였던 선배가 승부 근성이 있다고 봤는지 난생처음 권투를 하게 되었다.

당시 권투는 '나비처럼 날아서 벌처럼 쏜다.'라는 무하마드 알리와 4전 5기 신화를 낳은 홍수환 선수 유명세 등으로 인기가 많았다. 그러나 우리 중에는 권투를 배워 입학한 생도가 없었고, 육사 권투 시합의 특징은 체급이 없어 덩치 크고 힘센 놈이 유리하기 마련이었다.

"훈련 양과 흘린 땀은 배신하지 않는다."

지도 생도 일성이었다. 그분은 동기생 중에서 키가 작은 편에 속했지만, 권투 기술이 뛰어나 본인은 대결에서 진 적이 없었으나 중대 우승은 못 해 봤다고 하셨다. 그래서 그런지, 나를 가르치는 데 온 정열을 다 기울였다.

새벽에 남보다 한 시간 반 먼저 일어나 달리기를 한 후 각종 공격,

방어 기술을 익히고 나서 다른 생도와 같이 교수부 강의를 들으러 갔다. 그러니, 뒤늦게 몰려온 졸음이 쏟아져 벌점도 꽤 받았고 강의는 뒷전이었다. 생도대에 오면 또 취침 전까지 열심히 권투 훈련을 하였다. 그 덕분에 나도 꽤 경쟁력 있는 선수가 되어 다른 동기생들이 시합하기를 두려워하는 존재가 되었다.

시합 날, 첫 게임은 비슷한 페더급(58㎏ 이하)의 동기생을 만나 쉽게 이겼으나, 그다음 날 겨루었던 동기생은 마치 황소처럼 아무리 때려도 밀고 들어오는데 대책이 없었다. 판정패한 후 '잘 싸웠다.'라고 칭찬은 받았으나 내가 기술이 뛰어났으면 이길 수도 있었겠다는 아쉬운 생각이 들었다. 그 후 2, 3학년 때도 준결승까지밖에 올라가지 못했다.

3학년 말에 기초군사훈련 파견 생도가 되어 7명을 지도하게 되었는데, 현직 시장 아들부터 강원도 인제 산골에서 처음 서울 땅을 밟은 젊은이도 있었다. 그중 김 생도는 아버지가 황해도에서 월남하여 목포에서 자랐는데 국가관이 투철하고 키는 크지 않지만, 힘이 장사였다. 체육대회를 앞두고 선수 선발을 하는데 그는 럭비부에서도 탐을 내고, 축구 수비수로 필요해 끌어가겠다는 운동신경이 뛰어난 생도였다. 그러나 기초군사훈련 시절의 의리를 고려했는지 본인이 권투를 하겠다고 자원했다. 게다가 3학년엔 180㎝ 키에 미들급(75㎏) 이상의 체중이 나가는 안 생도가 있었는데 동기생 중 무적이라 했다. 2학년에서 선발한 2명은 체력이 약해 열심히 훈련시키는 게 급선무였다. 약 한 달간 휴일과 자유 시간도 반납하고, 새벽 조기 기상을 마다하지 않고 피나는 훈련을 반복했다. 스파링(둘이 실전처럼 경기)을 할 때면 3학년 안 생도에게 맞아 2학년 둘이 너무 힘들어 못 하겠다고 반항 아닌 반항을 하기도 했다. 그런데, 1학년 김 생도는 악착같이 덤벼서 방심한 안 생도가 K.O 직전까지 가게 만든 적도 있었다. 땀은 배신하지 않는다는 신념 아래 참 독하게 운동한 시간이었다. 서로 엉켜 땀을 흘리는 사이 우리는 선후배 이상의 형제애를 느끼게 되었고 진심으로 신뢰하고 아끼게 되었다.

드디어, 결전의 날. 예상했던 대로 2학년 생도가 지는 바람에 4학년인 내가 링에 올라 덩치 큰 동기생을 힘겹게 이겼다. 그다음 시합도 엎치락뒤치락 똑같은 일이 반복되더니 결승에서 우리 중대가 최종 승리를 거뒀다. 우리는 개선장군처럼 전 중대원의 환영을 받으며 생활관으로 복귀하였다.

그 체육대회 후 학년을 떠나 우리는 무척 돈독해졌다. 특히 안 생도와 김 생도는 더 친근하게 다가왔다. 화랑제 파트너가 없는 나에게 안 생도가 자기 사촌 누나를 소개해 주었다. 권투 시합으로 아직 부은 눈이 가라앉지 않았는데 만나기로 한 장소로 나갔다. 우윳빛 피부에 긴 생머리를 한 여학생을 본 순간 '그래, 내가 찾던 여자야.' 하는 확신이 들었다. 몇 번 만나 조금씩 알아 가던 늦가을 화랑제 파트너로 와 줄 수 있냐고 부탁을 했더니 안 생도 누나는 예쁜 한복을 입고 참석하였다.

그날은 금녀의 집이었던 생활관을 개방하기에 열심히 청소하고 정리 정돈을 했다. 생도 생활을 담은 앨범 사진도 보여 주며 축제 파트너로 와 준 고마움을 표하느라 많은 정성을 기울였다. 후배 생도들이 길게 늘어서 교차 칼을 하는 터널을 지나 무도회장으로 입장했고 내 파트너 그녀는 정말 예뻐서 존경하는 교수님이 눈을 크게 치켜뜨며 칭찬해 주셨다. 그해 화랑제는 내 인생 최고의 축제가 되어 행복한 순간을 추억하는 한 페이지가 되었다.

졸업 후 나는 전방 소대장으로 가고 화랑제 파트너였던 여대생은 국어 선생님이 되어 고향에서 교편을 잡고 있었다. 어느 가을, 그곳에 육사 제복을 입은 한 생도가 학교를 들어서자 창밖으로 내다보던 학생들이 소리를 지르고 난리를 쳤단다. 당당하게 교무실로 찾아온 생도는 "선배님이 전방에서 나오지 못하니 형수님을 지켜 드리러 왔습니다."라고 태연하게 답변하였는데 권투 선수였던 김 생도였다. 넉살 좋은 그는 안 선생 집에 가서 하룻밤을 자고 상다리 부러질 듯 차린 밥상을 받고 복귀하였다. 아마, 외박을 받아 목포까지 못 내려가고 고민하다가 그 학교에 간 것인지도 모른다. 그 후, 안 선생은 내 아내가 되었고, 3학년 안 생도는 당연히 처남이 되었으며, 김 생도를 포함한 당시 1학년 생도들은 4학년이 되어, 모두 결혼식에 참석하여 축하해 주었다.

그렇게 인연은 이어져 군 생활 동안도 가끔은 서로에게 안부도 전하고 도움도 주면서 살아왔다. 김 생도가 진급이 안 되어 먼 곳으로 유배처럼 떠날 때도 함께 술잔을 비우며 마지막에 웃는 자가 이긴다며 용기를 주기도 했다. 지금은 형님 소리가 자연스럽게 나오는 동생이 되어 골프 라운딩도 함께 한다.

얼마 전에는 우리 집에 와서 형님을 생각하며 배웠다고 색소폰으로 패티 김의 〈그대 내 친구여〉를 연주하였다. "어둠 속에서 혼자 울고 있을 때 나의 손을 꼭 잡아 준 사람……."으로 시작되는 노래를 부를 때마다 기초군사훈련 시절과 권투 하던 1학년 때가 생각난다고 하여 나를 감동케 하였다. 꿈 많고 패기 있던 스물다섯 스물하나 시절, 권투가 맺어 준 소중한 인연은 이렇게 평생을 이어져 오고 있다.

집밥의 위력

벌써 40여 년 전의 일이다. 결혼하고 바로 6개월 동안 고등군사반 교육을 마친 나는 화천군 사내면 사창리에 있는 부대의 중대장이 되었다. 당시는 군부대가 주둔하는 곳엔 어김없이 술집이 번성하던 시절이라, 예전에 귀한 사료(史料)를 넣어 두던 창고가 있어 지어진 사창리(史倉理)는 엉뚱한 상상을 하게 하는 지명이었다. 그러나 술집 구경은커녕 야지 야간사격이 한창 강조되던 때라 거의 매일, 늦은 밤 퇴근할 수밖에 없었다.

그런 와중에 추석을 맞아, 합동 차례를 지내고 와서 새색시 아내와 송편 빚기를 하면서 낮에 있었던 이야기를 건넸다. 면회 온 병사

134 계급장 떼고 10년을 살아 보니

가 몇 명 호명되어 나가는데 옆에 있던 이 병장에게 부모님 면회는 언제 왔냐고 물으니 한 번도 안 왔다 하더라. 그래서 한 번도 면회 안 온 병사들 면회를 내가 신청해서 목욕시키고 짜장면을 사 주어야겠다고 했더니,

"아니, 뭘 그래요. 우리 집에 데리고 오면 여주 쌀밥에 불고기를 해줄게요."

라고 담담하게 의견을 제시하는 것이었다.

아내의 응원을 받은 나는 출근하자마자 20개월 이상 근무하면서 한 번도 가족들이 면회를 안 온 병사를 알아보니 9명이었고, 부산, 울진, 해남 등 너무 멀어 못 오신 부모님과 집안 사정이 넉넉지 않은 병사들이었다.

드디어, 일요일 오전에 병사들을 인솔하여 사창리에서 목욕하고, 군에서 지어 준 15평형 아파트에 데리고 들어왔는데 군화 열 켤레가 현관에 가득 찼다. 상 세 개를 포개서 음식을 차렸는데 불고기에, 갈비에, 잡채에 각종 나물과 김치, 게다가 여주 쌀밥에 소고깃국까지! 밥을 두 솥 했는데 모자랄 듯하니 한 솥 더 해야겠다며 천천히 이야기를 나누라 하여 중대 얘기부터 고향 얘기까지 많은 대화를 나누었다. 그날 그들은 이미 두 그릇 먹고 세 그릇째 먹는 밥이었다.

한 달쯤 지나 연대에서 소총 9개 중대를 대상으로 주·야간사격, 태권도, 주특기 등에 대한 종합 전투력 측정이 있었다. 측정 준비하는 내내 우리 집에 왔던 고참 병사들이 솔선수범하고 조교 역할을 자임

하면서 열성을 내는 것이었다. 당시의 소대 왕고참은 절대적 권위를 갖고 있어 후임 병사들이 소대장보다도 더 어려워했고 통상 거드름을 피우는 게 보통이었다. 그러던 고참들이 직접 시범을 보이며 닦달을 하니 전투능력이 눈에 띄게 향상되어 보였다.

대부분의 측정은 11월에 끝났는데, 야간사격 측정은 달이 뜨지 않는 깜깜한 날을 택하다 보니 화악산의 매서운 바람이 살을 에는 섣달 중순 겨울밤에 하게 되었다. 2소대가 선발되어 소대장부터 이등병까지 한 개의 표적에 10발씩 사격하는데 모든 빛이 사라진 저녁 일곱 시가 넘어 측정이 시작되었다.

첫 번째 사수가 사로에 올라 사격 자세를 잡자 '사격 개시' 구령이 내려지고 하나둘 총소리가 나더니 일 분도 안 되어 사격이 끝난 듯 조용했다. 이런 가운데 다시 총성이 울리고, 또다시 총성이 울리기를 반복하더니 '사격 끝' 신호가 들렸다. 그렇게 스무 명의 사수가 다 사격할 때까지 우리 중대 사선에서는 똑같은 현상이 반복되었고, 드디어 표적을 확인하는 순간 소대장의 커다란 함성이 들려왔다.

"중대장님! 많이 맞은 것 같습니다!"

"와!" 하는 함성이 소대원 쪽에서도 같이 들렸다. 종합한 결과 우리 중대가 다른 중대에 비해 두 배 정도 차이로 명중률이 높았다.

중대로 복귀하여 총기 손질이 끝날 즈음 2소대에 들어가니 아직도 무용담이 흥분으로 이어지고 있었다. 나는 기특한 병사들 손을 잡

136 계급장 떼고 10년을 살아 보니

고 "수고했다." 칭찬하다 얼굴을 보았는데 코 옆에 검은 상처가 눈에 들어왔다. 한둘이 아니고 똑같이 코 옆 총 가늠쇠가 닿는 부위였다.

"이거 뭐야?"

내가 물으니 경험 많은 소대 선임하사인 유 중사가 보고했다.

"얼어 있는 쇠에 오래 닿아서 생긴 동상 같습니다."

짧은 침묵이 흐르고 가슴에서 울컥하는 뭔가가 차오르면서 차마 병사들과 눈을 마주치지 못한 채 뒤돌아섰다.

"인사계! 오토바이 타고 사창리 가서 막걸리 한 말 가져오세요. 소대장은 의무대 가서 동상약 받아 오고, 선임하사는 고참병과 페치카에 라면 한 상자 끓이세요."

이렇게 지시하고 중대장실에 오니 눈물이 왈칵 쏟아졌다.

이어진 심야의 회식은 라면 국물에 반합 뚜껑 막걸리로 이어졌다. 추위에 떨던 몸에 술이 들어가니 금방 취기가 오르면서 반합을 두드리며 군가와 노랫가락으로 이어졌다. 난데없는 고성이 중대 밖으로 퍼져 나가니 대대 당직사령이 쫓아 내려와 난장판이 된 모습을 보게 되었고, 그렇게 마무리되었다. 이 일로 다음 날 대대장실로 불려 갔다. 야간에 금지된 술을 마시게 하고 고성방가를 하였으니 단단히 혼나겠다고 각오했는데 자초지종을 듣고 난 대대장님이 "너희 중대는 적과 싸우면 이기겠구나. 고생했다." 하시며 오히려 격려해 주셨다.

전역 후 여주에 집을 짓고 전원생활을 하고 있던 어느 날, 우연히 당시 선임하사와 연락이 되어 병사들 안부를 물으니 몇 명이 연락된다고 하였다. 시간 나면 놀러 오라고 했는데 오십 후반의 병사 열 명과 부사관 두 명이 찾아와 기념식수를 하고 머릿돌까지 새겨 놓고 기억에도 가물가물한 옛 얘기를 밤이 늦도록 하고 갔다. 그렇게 집밥으로 맺어 준 충성스러운 부하들은 아직도 내 주변에 머물고 있으며, 지내 놓고 나니 누구와 어디서 맛있는 밥 먹은 게 오래 기억에 남는다는 것을 알았다. 오늘은 누구와 밥을 먹을까? 물론 내 사랑하는 아내랑 하겠지만 불현듯 귀한 손님이 같이하지 않을까 하는 호사스러운 상상을 해 본다.

대대 주임원사

1994년 말, 나는 충남 당진에 있는 방위병과 예비군을 관리하는 부대의 대대장으로 취임하였다. 부대구조 개편에 따라 다음 해에 해체하게 되어 있는 대대였다. 실정을 파악해 보니, 관사에 비가 새고 모든 시설이 보수가 안 되어 최소한으로 사용하도록 관리하는 데도 큰 노력이 필요하였으며 방위병들도 자신들이 마지막 방위라며 군기가 해이해진 모습을 보이는 등 여러모로 운영이 힘든 부대와 시기였다.

이때 만난 주임원사는 나보다 열두 살이 많은 띠동갑의 부사관으로, 내가 출근할 때마다 볼이 발그레한 맑은 얼굴로 항상 미소 지으며 맞이해 주었고, 사심이라곤 찾아볼 수 없는 충직한 분이었다. 나보다 일찍 출근하여 부대 한 바퀴 돌아보고 그날 해야 할 일을 꼼꼼히 챙기는 등 부대를 위해 최선을 다하였다. 면이나 동 단위로 예비군 무기고가 있어 방위병들이 야간 경계근무를 서고 있었는데 퇴근 후에도 대대에서 가장 많이 순찰을 돌며 격려해 주고 보살펴 줌으로써 무사고 부대가 되는 데 결정적으로 이바지하였다. 맞춤형 면담으로 파악한 생계 곤란한 방위병들은 직접, 아니면 지역 유지나 봉사 단체와 연계하여 도움도 주고 있었다.

"(중략) 나는 나의 삶을 사랑하렵니다. / 사랑하는 사람들을 위해 / 아픔과 고통 속에서도 좌절하지 않는 / 비굴하게 물러나지 않는 삶을 위해 / 세상의 모든 것이 변해도 삶에 충실하며 / 사랑을 나눠 주며 행복을 느끼며 (중략)"

그가 그 시절에 쓴 시의 일부분이다.

당시 큰아들은 해병대를 전역 후 공부하고 있었고(후에 공인회계사가 됨), 딸은 간호사로 시내에서 일하고 있었다. 막내아들이 군에 가게 되었는데 해안을 담당하는 부대 특성상 방위병으로 근무할 수 있었으나 남자는 현역으로 군에 다녀와야 한다고 고집 피워 현역 운전병으로 복무시킨 조금은 완고한 아버지였다.

그해 겨울 어느 휴일에 얼음낚시를 하러 가서, 내가 먼저 저수지에 들어가 자리를 잡고 막 시작하려는데 '풍덩' 물소리가 나서 뒤돌아보니 주임원사가 허리쯤 빠져 있는 것이 아닌가? 난로와 무릎 덮개 등을 챙겨 늦게 들어오다가 갈대가 빼곡하게 나서 얼음이 덜 얼은 가장자리에 빠진 것이었다. 다행히 저수지 초입이라 바로 뭍으로 나온 주임원사는 낚시하고 있으면 가까운 곳에 가서 바지를 갈아입고 오겠다고 서둘러 마을로 들어갔다. 어느 방위병 집에 들러 바지부터 신발까지 갈아입은 주임원사는 낚시를 더 하겠다고 우겼지만 찬 바람과 추위를 핑계로 바로 장비를 철수하여 부대로 복귀하였다. 오는 내내 자기가 부주의하여 대대장 휴일을 망쳤다며 미안해했는데 듣는 내가 더 민망했다. 그렇게 겨울 낚시는 실패로 끝났지만 따뜻한 봄에 다시 낚시터를 찾아 망중한을 즐겼고, 군 생활을 하면서 이렇게 여유를 가져 보는 것도 처음이라며 즐거워하던 모습이 새로웠다.

어린이날쯤에 축협 조합장이 돼지를 지원해 주어 대대 회식을 한 적이 있다. 예비군 지휘관들은 물론이고 현역 간부들조차 단체로 술을 마시게 하면 사고 난다고 말렸지만, 주임원사는 대대장 의견을 존중하여 만반의 준비를 하였다. 네 명씩 짝을 지어 불판과 휴대용 가스레인지, 돗자리를 가져오면 부대에서는 고기와 채소, 술과 음료, 과일을 제공하는 회식이었다. 연병장에 사백여 명의 젊은이가 모여 먹고 마시고 떠드는 모습은 가히 장관이었다. 게다가 방위병들이 자기 선배한테 빌렸다며 밴드 장비와 노래방 기기를 설치하고 사회자는 계급에 상관없이 지역에서 가장 영향력이 있는 친구로 선정하였다.

"여러분! 이런 모임은 처음인데 우리가 사고 치면 안 되겠죠?"

하며 운을 뗀 사회자는 부대별로 경연하듯이 진행하면서 주임원사나 예비군 면대장, 심지어 나까지 불러내 노래를 시켰다. 신나는 노래가 나오면 춤을 추었는데 연병장에 흙먼지가 여기저기서 자욱하게 일었다. 그사이를 주임원사는 부지런히 돌아다니며 격려하고 주의도 주고 같이 놀아 주는 자상함을 보였다. 방위병들은 출퇴근하기 때문에 부대에서 일어난 일이 하루 만에 지역에 알려지는 구조라 그 일이 있고 난 뒤 대대장이 배포가 큰 사람으로 소문이 난 적이 있었다.

　나는 대대 창설을 위해 사령부에 가고 주임원사가 남아서 부대 해체 마무리를 하면서 통합된 대대에 남았다. 2년 후쯤 그 부대에 공금 유용 사건이 발생하여 조사받을 일이 생겼다. 수사관이 시내 모처에 불러내어 사건에 연루된 사람들을 캐물었을 때
　"내 입에서 더는 나올 말이 없다. 지휘관에 대해 다시는 묻지 말라."
　하고 얘기했단다. 그리고 부대원을 대상으로 소원 수리를 받았는데 주임원사에 대해서는 칭찬 외에 한마디의 험담도 나오지 않았다고 했다. 수사관이 노트를 압수수색 하려고 했을 때 영장을 가져오라고 강력히 반발하여 제지한 뒤 집에 와서 그동안 기록한 노트와 일기까지 다 태워 버렸단다. 이러한 충성심에 감동한 수사관이 도움이 필요하면 언제든지 돕겠다는 말을 남기고 간 후 당시 지휘관은 죄가 인정되어 처벌을 받았으나 주임원사에게는 일말의 책임도 돌아오지 않았다고 했다. 그러나 군 생활이 싫어져 만기 전역을 일 년 남기고 명예전역을 했는데, 공로연수 기간에도 부대에서 연대훈련 시험을 도와 달라고 하여 8개월을 더 근무하고 전역했단다.

"(중략) 잠긴 빗장 활짝 열어 / 삼십오 년 망설임 딛고 / 조심스레 걷는 걸음 / 자국마다 허전할까 / 세월을 무심타 말고 / 아름답게 가야지"

전역 전 그가 쓴 시의 일부인데 고승(高僧)의 오도송 같은 느낌을 받았다.

전역하던 해 부대 가까운 곳에 집을 짓고 들어와 붓글씨도 배우고 등산 모임에 들어 전국을 다니며 행복하게 지내던 중, 몇 년 전 흰옷을 입고 어디를 가다가 수렁에 빠져 헤어 나오지 못하는 꿈을 꾼 다음 날, 아내가 동해안으로 놀러 가다가 교통사고로 불귀의 객이 되고 말았다. 첫눈이 오던 날 내 아내에게 전화하여 "선생님! 첫눈이에요." 하며 소녀 감성을 가진, 남편보다 더 착하고 현명했던 분이었는데 하늘의 뜻을 어찌 거스를 수가 있을까? 아내가 정년 퇴임 하고 바로 찾아 조문한 자리에서 못다 한 어머니의 자리를 조금이라도 채우겠다고 다짐하여 추석 때나 손주들 입학식 때, 옷도 사서 보내 주는 등 관계를 유지해 오고 있다.

가난한 시골에 형제 많은 집에서 태어나 마음씨 좋은 아내를 만나고 알뜰히 근검절약하여 자식들 번듯하게 키운 삶. 35년 동안 온 청춘과 열정을 바쳐 군에 충성해 온 주임원사야말로 진정한 군인이고 애국자라 아니할 수 없다. 앞으로도 왕래하면서 더욱 깊은 정을 나누고 싶고 손주들까지 보듬어 함께 지내고 싶다. 작년 여름, 대천해수욕장으로 피서 가던 중에 당진에 들러 커플 티셔츠를 준비해서 같이 입고, 사진을 찍어 하나의 추억을 더 만들고 왔다.

충청도 운전병 사내

충남 당진에서 대대장으로 있던 어느 날 정문 초병한테서 연락이 왔다. 나를 안다는 사람이 찾아왔다는 전갈이었다. 나가 보니 대뜸,

"대장님! 저 알아보시겠어유? 잘 계시쥬?"

한다. 중대장 시절 같이 근무한 운전병이었다. 어떻게 내가 여기 있는 것을 알았냐고 하니까 택시를 운전하면서 어느 장교가 탔는데 내 안부를 물으니 가르쳐 주더란다.

그는 홍성 지나 토하젓으로 유명한 광천이 고향인 충청도 사람이다. 사투리가 특히 심했고 덩치가 큰 데다 말이 느리니 행동이 굼뜬 듯이 보여 고참병한테 많이 혼났다고 했다. 그러나 듬직하게 일을 잘

하고 눈치도 빠르고 성실하여, 특히 중대 인사계로부터 신임을 받았다. 내가 근무했던 두 번째 중대는 특별하게 차량이 여섯 대 편제되어 있었다. 당시 대부분 운전병은 야전수송학교에서 운전을 배워 서툰 반면 이 친구는 입대 전에 택시 운전을 하다가 와서 부대 간부 출퇴근 차량과 야간 운전, 장거리 운행을 도맡아서 했다. 내가 출장을 가거나 서울 업무차 갈 때도 어김없이 운전대를 잡았고, 야간 간부회식이 있는 날도 그가 운전했다. 그러다 보니 자연 나와 친해지게 되었으며 어디를 가든 맛있는 밥을 꼭 챙겨 주었더니 고향에 내려와서도 내 생각이 오래 나더란다.

10년 만에 만난 자리에서 군 생활 당시의 생생한 현실을 듣고는 아연실색하였다.

나는 매주 정신교육을 통해 구타는 일본 강점기의 잔재로 인격을 가지고는 할 수 없는 범죄 행위임을 수시로 강조했다. 나 자신은 물론 간부들도 절대 병사들을 때리지 않겠다고 서약서도 받고, 구타에 관해서는 무기명 신고하도록 여러 군데 신고함을 설치하기도 했다. 독립군 이전 우리 역사에 전우를 때리는 행위는 없었다고 전해진다. 전쟁이 나면 나의 생명을 책임질 옆 전우를 때려서 마음이 멀어지게 하는 것은 자살행위와 같은 것이다.

그런데, 실상은 그게 아니었다.

간부들이 퇴근한 후에는 선임병들의 무법천지가 자주 벌어졌다고 했다. 제일 선임인 운전병이 독한 성향이라 주차장 으슥한 곳으로 남들이 잠자는 시간에 불러내서는 다양한 얼차려와 때로는 구타를 병행하여 군기를 잡았다고 했다. 뚜렷한 이유가 있어서라기보다 자신의 성격을 못 이긴 분풀이가 주였고 어떤 때는 왜 맞았는지도 모르게 맞기도 했다는 것이었다. 그의 비위를 맞추기 위해 시내 나가는 후임병은 먹을 것을 사 와야 했고 휴가 다녀온 병사들은 뭐라도 상납해야 하는 비리가 저질러지고 있었다. 그래도 듣기 좋아라고 한 얘기인지는 몰라도 내가 취임하고는 많이 줄었고 그 선임병이 전역한 후에는 적어도 맞지는 않았다고 하면서 내가 고맙단다. 하지만, 그 얘기를 엄청나게 축소해서 전했을 당시 상황을 상상하니 내 목이 온전하게 붙어 있는 것이 다행이다 싶었다.

그렇게 첫 만남 이후 가끔 찾아와 천수만에 있는 남당리 대하가 날 철이면 휴일에 우리 가족을 태우고 가서 대하소금구이를 잘하는 친구 식당에서 맛있게 먹었고, 어느 날은 눈이 동그랗게 깜빡거리는 살아 있는 농어회를 맛보여 주기도 했다. 택시 운전해서 얼마 번다고 내가 돈을 내면 한사코 받지 않아 그다음에는 옷 등 다른 것을 먹은 값 이상으로 선물하곤 했다. 내가 공주에 있는 사령부로 가서 바쁜 날들을 보내고 있었는데 또, 정문에서 누가 찾아왔다고 하여 가 보니 그 친구였다.

"유성에 손님 태워 주고 가는 길에 들렀어유. 별일 없쥬?"

하곤 내처 내려갔다. 야외기동훈련하기 전 지형정찰을 하러 갈 때는 그의 장모에게 물려받아 아내가 운영하는 식당에 들러 점심을 먹곤 하였는데 처음에 얼마간은 또 돈을 안 받을까 봐 신분을 숨기고 들어갔다. 참모 시절엔 부서원 전체에게 하루씩 여름 휴양을 하도록 지휘관이 배려하여 대천으로 놀러 가면서 그 식당에다 예약해 둔 고기와 반찬을 푸짐하게 가지고 가서 신나게 놀았던 추억이 있다. 그리고는 내가 여기저기 보직이 바뀌어 이동할 때마다 핸드폰으로만 연락을 주고받았다.

십수 년이 지난 어느 여름, 해·공군 동료와 서해안 여행을 하던 중 맛집을 알아보려고 연락했더니 득달같이 와서는 자기 아들이 해군에 입대하였다고 자랑했다. 지나가는 말로 해군 동료한테 한번 전화라도 해 달라고 했다. 그는 여행 후 아들이 보직된 부대에 전화해서 아들의 근황을 자세히 알려 주어 전달했더니 고맙다고 거듭 감사해하였다. 그러고 나서 한동안 뜸하게 통화하다가 내가 집을 짓고 전역 후 연락했더니 음식 장사로 자리를 뜰 수 없다고 우리 집 모임에도 오지 못했다.

얼마 전 대천에 여름 휴양차 가다가 내 아내와 같이 간다고 연락했더니 그도 마침 정기 휴무 날이라고 아내와 함께 나왔다. 식당이 잘되어 자리를 잡았다며 한결 여유 있는 모습이었다. 쑥스러운 표정으로
"대장님! 저도 내년이면 환갑이유."
라고 한다. 그러고 보니 대여섯 살 차이밖에 안 나는데 중대장에서 '중' 자 빼고 꼭 대장이란다. 남들이 들으면 내가 굉장히 높은 계급인 듯 오해할 것 같다. 딸이 시집가서 손주도 보았고, 고향에서 친구들과 지인들과 행복하게 보낸다고 했다. 이야기하는 끝에 군 생활 중 많이 괴롭힌 고참 얘기를 우연히 들었는데, 사업이 망하여 어딘가로 이사

하여 연락이 안 된다고 하며 벌받는 것 같다고 했다.

나는 그를 만날 때마다 한 인간이 나이 들어 가며 변해 가는 과정을 보는 것 같아 흥미롭다. 어릴 때부터 자란 고향에서 농사짓는 부모님을 모시고 살면서 공부는 등한시했지만, 일찍 택시 기사를 하다가 군에 와 나와 인연을 맺었고, 평생 고향을 지키며 사는 그가 행복해 보였다. 내가 오래전에 보았던 식당처럼 음식 맛이 좋다면 그 식당은 분명 앞으로도 번창할 것이다. 일단 주인의 인심이 좋고, 대부분 고향 사람이니 푸짐하게 퍼 줄 것이고 그러면서 손님이 자연 많이 찾지 않겠는가? 각박해져 가는 세상에 이 친구와 같은 느긋한 충청도 사내를 가끔 만나 회포를 푸는 것도 인생의 또 다른 낙(樂)이 아니겠나 싶다.

나의 어느 여름

나는 군 생활을 하면서 훌륭하고 유능한 상·하급자들을 많이 만나 별 어려움 없이 지내 왔다. 내 주변에 큰 사건 사고도 겪지 않고 비교적 무난하게, 무탈하게 군 생활을 해 온 것이다. 보통은 지나고 나면 다 아름다운 추억으로 포장되고 좋은 일만 생각나는 것이 우리 인생인데도 유난히 아프거나 고통스러울 때가 가끔은 생각난다.

나는 보병 작전 직능으로 부대의 주무 참모와 사령부의 작전 담당 실무 업무를 수행해 왔다. 항상 시간에 쫓기는 과중한 업무량을 책임져야 했던 생활은 초급장교 시절부터 숙달되어 어지간한 일은 무서워하지 않고 처리하는 편이었다.

2000년 1월 1일은 뉴 밀레니엄 세기가 시작되는 날로 자정이 되자 서울에서는 타종 행사와 거대한 불꽃놀이로 도시 전체가 환호성을 울리는 밤이었다. Y2K(Year 2 Kilo), 즉 밀레니엄 버그로 컴퓨터가 99년까지는 인식하다가 2000년을 0으로 인식하여 발생할 대혼란에 대비하여 정부 차원의 대응팀이 운영되기도 했었다. 한편, 사이비 종교단체에서는 그날 밤 세계 종말이 와서 휴거(예수님이 재림하실 때 구원받은 사람을 공중으로 들어 올리는 것)가 있을 예정이니 밤새워 기도하라고도 했던 때이다.

세기가 바뀌는 12월 31일 저녁때쯤, 상급자가 중요한 보고서를 검토했는데 몇 가지 수정할 것을 지시하였다. 그 전날 밤에도 늦게까지 손을 보았던 프레젠테이션용 보고서라서 휴일을 마치고 수정해야겠다고 나름대로 생각했다. 그러나 과장은 무슨 심사가 틀어졌는지 다 수정하고 내일 열 시쯤 본인이 출근해서 같이 검토하자고 어깃장을 놓는 것이었다. 나는 주말부부를 할 때였는데 집에 내려가려고 했던 계획을 포기하고 야간작업을 해야만 했다. 같이 협업했던 친구는 집에 보내고 혼자 작업을 했다. 적막한 큰 건물 꼭대기 층에서 보고서가 어느 정도 마무리될 즈음 폭죽 소리가 진동하여 옥상에 갔더니 온 세상이 불꽃놀이로 장관을 이루고 있었다. 잠시 구경하고 나서 마무리하니 새벽 두 시가 넘었다. 다음 날, 즉 1월 1일은 토요일이며 휴일이었다. 나는 과장이 오기를 기다리다 시간이 지나도 오지 않아 전화했더니 손님이 와서 못 가니 책상에 놔두고 내일, 즉 일요일에 보자는 것이었다. 은근히 부아가 치밀었지만 어쩌랴? '그래, 예쁜 딸들이

나 보러 가야지.' 하고 나는 바로 아이들이 있는 당진의 집으로 내려왔다. 그다음 날은 쉬고 월요일 일찍 출근했더니 예상대로 보고서는 가져다 놓은 그대로 있었다.

사실 나는 일 년 전에 이 업무를 수행한 경험이 있고 계속 자료를 수집하고 정리를 해 오던 터라 노하우를 가지고 있었다. 보름 가까이 사무실과 여의도 컴퓨터회사를 오가며 업무를 하는 중이기도 했다. 그런데 전입해 온 지 며칠 안 된 과장은 업무의 핵심도 파악하지 못한 채 계급과 직책으로 사사건건 지시 아닌 간섭으로 우리 팀을 통제하니 부딪칠 수밖에 없었다. 개인의 업무 수행 능력을 평가받아야 하는 하급자가 바른 소리를 하기는 쉽지 않은 게 군 내부의 현실이지만 업무 수행을 위해서는 나의 의견을 강하게 주장할 수밖에 없는 경우도 종종 발생하곤 했다. 다행히 중요한 회의와 보고는 잘 이루어져 칭찬도 받고 기뻤으나 과장이 나를 보는 시선은 곱지 않았다. 그 일이 있고 난 뒤 인접 부서로 보직이 바뀌어 가는 바람에 찬밥 신세는 면할 수 있었다.

옮긴 곳은 새로 만들어진 부서여서 축적된 자료도 없고 참고할 대상도 없어 자리를 잡는 데 힘들었다. 게다가 행정 보조 여군무원이 컴퓨터를 제대로 다루지 못하는 것이었다. 한글을 옮겨 치는 것 외에 파워포인트나 엑셀은 전혀 할 줄 몰랐고 보고서에 그림이나 도형을 넣을 줄도 몰랐다. 도서관 근무로 본인은 배우지 못했다고 했다. 보고 시간이 촉박하여 점심도 못 먹고 일을 처리하는 때에도 일찍 나갔다가 일과 시작 전에 겨우 들어와 무슨 일이 있었느냐는 표정으로 화장을 고치고 앉아 있었다. 어쩌다 빨리 컴퓨터를 배우라고 약간의 싫은 소리를 하면 한쪽에 쭈그리고 울다가 휙 나가 버렸다. 그리고 얼마 있으면 우리 과에서 군무원을 못살게 군다는 소문이 들리곤 했다. 아랫사람에게 받는 스트레스는 상급자에게 받는 것보다 더 심했다. 물과 기름같이 말 한마디 섞지 않고 종일 있다가 칼같이 퇴근하는데 어떻게 봉급을 받는 사람이 그럴 수 있을까 하는 의구심도 들었다. 보직을 바꿔 달라고 몇 번 건의해서 상급자들도 알고 있었으나 신분이 보장되는 데다 맞물려 인사이동을 해야 하니 어쩔 수 없이 우리 실무자들이 감내해야 했다. 업무량이 많은 나는 덕분에 매일 야근을 해야 했고 말도 섞지 않고 지내는 그 군무원에게 받는 스트레스가 보통이 아니었다.

그 시기에 일주일에 두 번은 장차 고급지휘관이 되었을 때 도움이 될 것 같아 리더십 관련 야간 대학원 수업을 들으러 갔었는데 결석이 잦게 되고 내 생활이 뒤죽박죽되는 느낌이었다. 하루는 목이 뻣뻣해지고 식은땀이 나는 현상이 며칠 계속되어 한의원을 찾았다. 진맥하고 문진을 하며 묻는데 매일 야근하는 현재 상황을 이야기했다. 그 한의사는 이렇게 말했다.

"몸을 함부로 굴리면 안 돼. 자가용은 잘 관리하면 10년 넘게 타는데 영업용 택시는 3년이면 엔진을 바꿔야 하잖아. 심하게 써서 그런 거야."

그러면서 젊어서 몸을 혹사한 사람들은 수명이 짧다고 덧붙이며 한약과 틈날 때마다 할 수 있는 운동을 처방해 주었다.

그렇게 어려웠던 두 해를 보내고 나는 야전으로 돌아갔다. 조직 생활에서 나 외에 주변에서 대인관계로 겪는 어려움이 가장 큰 스트레스이다. 윗사람뿐 아니라 아랫사람에게도 마찬가지다. 지금도 모든 조직에서 비슷하게 겪는 일이라 생각된다. 마음이 통하는 사람들과 함께하면 업무가 많아도 항상 즐거운데 서로 마음의 벽을 가진 이들과는 작은 일도 벅차게 느껴진다. 가장 중요한 것은 물론 나 자신이다. 상급자에게 예의 바르게 고분고분하지 못한 것도 내 탓이고 내가 컴퓨터를 더 잘 다루지 못한 것도 다 내 탓이다. 시간이 지나고 좀 더 성숙해지니 길이 보였는데 그때는 왜 내가 까칠하게 굴어 서로 상처를 주었는지 후회가 되기도 한다. 업무를 놀이처럼 하면서 즐겁게 일하고 나 자신과 싸워 이겨야 했는데 남 탓만 했던 내가 아직 철이 덜들었던 때이기도 하다. 어쨌든, 나의 인생에서 고통이 따르던 여름 한 시기가 그렇게 지나갔다.

부사관과의 대화

전역 후 삼 년쯤 지난 어느 날이다. 내가 지휘관으로 근무했던 부대의 교육을 담당하는 참모로부터 부사관 교육을 해 달라는 연락을 받았다. 시골에 파묻혀 군 생활 다 잊었다고 했더니 요새 부사관들이 너무 힘들어하니 격려의 말을 해 줄 수 없겠냐는 것이었다. 십여 년 전에 근무했던 곳이라 함께 지낸 전우들도 꽤 있어서 그들을 볼 겸 승낙을 했다.

전방에 가서 같이 근무했던 부사관 십여 명과 식사하면서 요사이 부사관들의 애로 사항을 먼저 들었다. 미리 작성한 프레젠테이션 자료에다 틈틈이 힘든 청춘들에게 위로가 되는 말들을 섞어 강의를 준비했다. 부사관은 부대의 전통을 유지하고 명예를 지키는 핵심 자원

154 계급장 떼고 10년을 살아 보니

이다. 그러므로 맡은 바 직무에 정통하고 모든 일에 솔선수범하여 병사들의 명령 이행을 감독하고 교육훈련과 내무생활을 지도하는 책무가 있다. 또한, 병사들의 신상을 파악하여 선도하고 각종 장비와 보급품 관리에 힘쓰는 등의 일을 하는 부대의 핵심 전투 요원임을 상기시키며 이야기를 시작했다.

임용하면 나이가 엇비슷한 병사들의 상급자가 되는데 학력이나 가정환경은 병사들이 나은 경우가 대부분이다. 부사관 중에 집안이 부유한 경우는 별로 없고 부모의 도움 없이 자기 힘만으로 인생을 개척하려는 이들이 많다. 왜냐하면, 임용되는 때부터 주거와 급식은 해결되기 때문이다. 요사이는 대학에 부사관학과가 있어서 전문 교육을 받고 들어오는 이들이 많은데 가장 어려워하는 것은 장기 지원을 했는데 선발되지 못하고 몇 년 후 사회로 되돌아가는 경우이다. 고등학교 졸업 후 군과 관련된 공부와 직업을 택했는데 아무 준비 없이 애매한 나이에 사회로 환원되어야 하니 앞길이 막막하게 느껴질 게다. 대학에서는 부사관 임용하면 취업한 것으로 간주하여 취업률을 높여 잡는데 현실은 그렇지 않은 것이다.

나를 소개하면서 가난을 극복하고 자수성가한 이야기와 사람을 얻는 군 생활 이야기부터 시작했다. 최인호의 소설《상도》의 주인공 임상옥의 스승 홍득주가 하는 말 "장사는 이문을 남기는 것이 아니라 사람을 남기는 것이다."를 소개하며 '군 생활은 사람 장사하는 곳이다.'라고 말해 주었다. 지금 당신들과 함께 있는 병사 중에 재벌이나 장관이 나올 것이고 높게 되지는 않더라도 평생 인연을 맺으며 도움을 주고받는 사이가 될 수 있으니 잘해 주라는 것이다. 중대장 시절 병사들이 와서 기념식수를 하고 바비큐 파티를 하면서 지냈다는 나의 예를 들려주었다. 부사관은 사람 다루는 직업으로 병사들이 어려울 때 도와주면 언젠가 도움도 받게 된다고 말하면서 그냥 대가 없이 주고 마음을 열어 주며 들어 주면 된다고 했다. 그러면서 헌법 10조에 나오는 행복추구권을 구현해 줄 의무가 있다고 이야기해 주었다. 즉, 행복이 고통과 불쾌감이 없는 상태와 적극적으로 만족을 느끼는 상태를 말한다면 국가 대신 여러분이 병사들의 기본적 인권을 보장하고 행복하게 해 줄 수 있는 책임이 있다고 말해 주었다.

행복은 겪는 고통이 얼마나 많고 작은가보다는 그 고통에 어떻게 대처하는가에 달려 있음을 말하며 행복한가를 질문하곤 했다. 무라카미 하루키의 '소확행(소소하지만 확실한 행복)'에는 갓 구운 빵 냄새와 새로 입은 내의에서 나는 포근함 등을 작은 행복으로 정의하는데 스스로 만족하는 작은 행복을 찾아 가꾸는 습관을 주문하곤 했다. 현실적으로 행복해지는 필요한 조건을 질문하면 돈이 40%, 건강이 28%, 인간관계가 32%라고 답한다는 연구 결과가 있다. 군인은 박봉이지만 먹고 살 만큼 나오는 데다 노후엔 연금이 있으니 욕심만 부리지 않으면 되고, 건강은 돈을 주면서 체력을 단련해 주니 걱정 없고 남은 것은 인간관계이다. 특히, 아내를 얻고 자식을 키우는 게 제일 어렵다. 요즘은 여성들도 다 직업이 있고 자기의 일을 하는데 전방 산골짜기에 와서 살 여성을 찾기부터 어렵고, 결혼해도 떨어져 사는 경우가 많으며 자녀들이 태어나면 육아와 교육에 많은 어려움이 있는 게 현실이다. 더욱이 훈련과 당직, 야근 등으로 아내를 독수공방시키는 경우가 다반사며 아이들과 놀아 주거나 여행을 가는 것도 짬을 내기 힘들다. 가장 가까이에 있는 가족부터 관계를 유지하기 어려우니 부모 형제나 사회 친구들과는 자연히 멀어지는 경우가 대부분이다. 그런데도 군 간부들이 가장 이혼율이 낮다. 우선 성실하고 튼튼하며 부대와 가정 외에는 한눈을 파는 경우가 별로 없기 때문이리라. 힘든 성장 과정을 거친 내공이 곁들여져 어지간한 난관은 힘들다고 생각하지 않고 견뎌 내는 인내심이 강한 성품도 한몫한다.

직업군인을 택한 이유 중에는 내 인생을 타인의 도움 없이 자신의 힘으로 살아가겠다는 의지가 가장 크다고 본다. 물론 도움을 받을 수 있는 주변의 환경이 안 되는 경우도 많지만, 성향이 그런 사람들이 직업군인을 택하는 듯하다. 그래서 환경에 대한 극복과 긍정적 사고, 자율적인 인생을 설계하며 삶의 목적을 찾아가는 이들을 격려하곤 했다. 부자가 되려고 애쓰는 가난한 사람과 가난하지만, 항상 자신의 행복을 재발견하고자 하는 부유한 사람 중 후자인 부사관들을 칭찬하곤 했다. 서울의 아파트가 수십억 해도 들어가 산다는 목적만 보면 군에서 지원되는 관사와 무엇이 다른가도 이야기되었다. 돈은 폭군과 같아서 아무리 많이 가져도 만족할 줄 모르고 남과의 비교로 안달하는 졸부들의 예를 들며 자기통제와 자기조절이 중요함을 강조했다. 그래서 세상은 자신이 끼고 있는 안경에 따라 달라진다. 파란색 안경을 끼면 세상이 파랗게 보이고 빨간색 안경을 끼면 빨갛게 보여 미움의 안경을 벗어 버리고 사랑의 안경을 쓰라는 유치원 아이들의 동요를 소개하곤 했다.

성공은 매 순간이 값지고 소중함을 아는 데서 출발하며 영웅이 없는 시대에 자기가 좋아하는 일을 하고 행복을 느끼며 사는 이들이 성공한 사람임을 이야기했다. 자신이 성공한 사람인가를 자문해 보라고 하면서 랠프 에머슨의 〈성공이란 무엇인가〉를 들려주었다.

"많이 자주 웃는 것. (중략) 세상을 조금이라도 더 좋은 곳으로 만들고 떠나는 것. 당신이 살아 있었기 때문에 단 한 사람의 인생이라도 조금 더 쉽게 숨을 수 있었음을 아는 것. 이것이 진정 성공이다."

그래서 당신들은 성공한 사람임을 강조하곤 했다. 우리가 꿈꾸고 소망하는 삶은 결코 남의 것이 아니다. 나 자신 안에 이미 내재하여 있고 이미 준비된 일인데 다만 우리가 그것을 발견하지 못할 뿐이다. 우리가 할 일은 그 행복을 찾아내고 그것을 밖으로 표현하고 좋은 쪽으로 기르고 성장시키는 것임을 말해 주었다. 그 외에도 인생의 사계절 중 가을과 겨울을 준비하는 삶의 자세 등 많은 이야기를 함께 나누곤 했다.

나는 부사관들, 특히, 초급 간부들을 볼 때면 안쓰럽고 애잔하다. 군에서 주어진 과중한 업무를 담당하랴, 머리 꼭대기에 올라 있는 병사들 지도해야지, 악조건 속에 놓여 있는 미래를 파헤쳐 나가야 하는 등, 얼마나 많은 어려움을 겪을 것인가 하는 안타까움이 묻어나 인생 선배로서 앞에 서기가 조심스러울 뿐이다. 젊음과 패기, 무한한 가능성에 기대어 오늘도 힘차게 살아가는 그들을 응원하고 격려해 본다.

충성스러운 병사들

아침에 일어나니 은백색의 겨울왕국이 펼쳐져 있었다. 앞산 소나무엔 눈꽃이 하얗게 피어 햇빛에 반짝이는 사이로 엘사 공주가 다가올 듯한 황홀한 풍경이었다. 넋 놓고 바라보다가 문득 어젯밤 잠 한숨 못 자고 눈을 쓸었을 전방의 병사들이 생각났다. 철책을 따라 이어지는 순찰로는 밀어내기 근무하는 초병 위주로 눈을 쓸고, 보급로는 남아 있는 병사들이 모두 일어나 눈이 쌓이지 않게 쓸다 보면 날이 훤히 새곤 했다. 오늘같이 습기를 많이 머금은 눈은 더 쓸기가 힘들어 부지런히 움직여야 했는데, 눈이 온 다음 날부터는 어김없이 추워지므로 얼기 전에 제설 작전을 마쳐야 했다.

제3부 김 병장의 마지막 인사 159

나는 단연코 우리나라 병사들이 세계에서 가장 우수하다는 신념을 가지고 있다. 학력이 높고 체력이 강한 데다 정신력과 충성심이 최고인 것이다. 능력 면에서도 이론과 손재주를 겸비하여 단기간의 교육에도 불구하고 포병 사격지휘 계산이나 전차/장갑차 운전, 유도무기 사격 통제, 차량과 헬기 정비, 의무 간호 등에서 탁월한 재능을 발휘하고 있다. 게다가 컴퓨터 게임에 능하여 워 게임으로 진행되는 전투지휘훈련(BCTP) 시에도 적응도가 상당하다. 전방부대에 명문대 출신이나 고학력자들이 거의 없어 혹여 부조리하게 배치되는 게 아닌가도 의심했으나 이들은 카투사, 행정병 및 주특기를 찾아 지원하기 때문이었다. 그렇다 하더라도 병사들의 수준은 세계 최고임을 임무수행이나 교육훈련에서 여실히 볼 수 있었다.

연합사에 자주 협조 회의나 업무차 간 적이 있는데 이구동성으로 미군 병사와 한국군 카투사를 비교하며 수준 차이를 얘기하곤 했다. 미군 장교들은 카투사가 수행하는 업무 능력에 대하여 놀라운 시선으로 본다는 것이다. 반면, 미군 병사들은 시키는 단순 업무 외에는 하지도 않고 할 능력도 안 된다고 했다. 미군 병사 중에는 하층민에다 영어 스펠링도 잘 못 쓰는 경우가 있으며 몸으로 하는 것 외에 머리를 쓰는 일은 하지 못한다는 것이다. 하기야 카투사들은 유학파이거나 명문대 출신들로 구성되어 있으니 당연하리라는 생각도 들었다.

나는 상록수부대가 동티모르 평화유지군으로 활동하던 시기에 현장지도 팀에 포함되어 그곳에 간 적이 있었다. 병사들은 국경선 통제,

복구 활동 지원, 순회 진료, 구호품 전달 등 기본 임무에 더하여 태권도 및 영어 교육, 새마을 운동 전개로 주민들의 마음속으로 들어가는 활동을 하고 있었다. 장기간 식민지 생활과 인도네시아 군인들에게 시달렸던 주민들은 처음엔 군복만 보면 숨기 바빴는데 우리 병사들이 마음을 다해 다가간 결과 어디에서나 환영받는 존재가 되어 있었다. 봉사활동이 몸에 밴 병사들은 작전을 나갈 때마다 자비로 PX에서 과자나 학용품 등을 사서 아이들에게 나눠 주기도 하였다. 태극기가 새겨진 차를 타고 마을을 지날 때마다 어디선가 뛰어나와 손을 흔들고 "말라이 무띤(다국적군의 왕)!"이나 "꼬레아!"를 외쳐 주었다. 병사 한 명, 한 명이 그렇게 자랑스러울 수가 없었다.

거슬러 올라가 월남 파병할 당시 우리 군은 열악한 장비와 화기로도 베트콩이나 북베트남 정규군과 싸워 미군의 3배 이상 전과를 올렸던 역사적 사실이 있다. 그래서 북베트남 내부에서는 확실한 보장이 없는 전장에서는 한국군을 피하라는 지시가 있었다고 한다. 전투만 잘하는 것이 아니라 민심을 확보하기 위해 적극적인 대민지원과 구호 활동으로 주민의 마음을 사로잡아 베트콩과 분리하는 민사작전 면에서도 단연 최고였다고 한다. 진심으로 현지 주민들을 보살피고 어린이들을 가르쳤다고 했다. 이는 엄정한 군기를 지키면서도 장병들이 고향에 두고 온 부모·형제를 생각하듯 주민들을 보살핀 애민정신이 몸에 밴 결과라 하겠다.

요사이 "군대 생활 할 만해졌다."라고 어른들이 얘기하는 것은 먹고 입고 자는 것이 해결되었다는 정도이다. 싫어하는 사람과 폭력 성향의 병사, 우울하거나 내성적 성격의 인물 등이 전혀 내색하지 않으며 불안한 평화를 유지하고 있는 곳이 군 생활 숙소, 즉 내무반이다. 우리나라 젊은이들은 이곳에서 인생에서 가장 화려해야 할 20대 초반을 보낸다. 약간의 불협화음도 있겠으나 우리 병사들은 인내심이 강하여 잘 지낸다. 하루도 빠짐없이 똑같은 일과가 과중하게 주어지는데도 잘 참고 잘 견딘다. 한겨울에 전방 GOP 근무자를 보면 군장 검사부터 초소 투입 후 교대할 때까지 8시간 정도 초병 근무를 선다. 해지기 전(EENT)에 투입된 후 해 뜨기 전(BMNT)에 철수하는데 2교대를 하면 긴 겨울밤이 지나가는 것이다. 반면 여름은 밤이 짧아 다섯 시간도 채 근무 안 하는 때도 있다. 모든 생활이 자급자족이다 보니 잠자는 시간을 쪼개어 청소하고 빨래하며 겨울에는 제설 작전, 여름에는 제초 작업, 수시로 철책과 순찰로 보수작업 등이 끊임없이 이어져 생겨난다. 외출, 외박은 먼 나라 이야기이고 잠 한번 푹 자 보는 것이 소원이라고 얘기하며 산다.

그렇게 과중한 생활을 하는데도 불평 없이 잘 견디며 지내는 것이 우리 병사들이다. 만약 미군에게 이렇게 생활하라고 한다면 도저히 못 견디고 당장 미 의회에 청원할 정도로 업무 강도가 세다. 나는 계절이 바뀔 때마다 병사들과 똑같이 초병 근무를 경험해 봤는데 체감 온도가 영하 30도 가까이 되는 고지에 칼바람 부는 철책에서 밤을 새운다는 것은 거의 살인적 인내심이 없으면 견디기 힘든 상황이다. 난 하루를 경험한 건데 이 병사들은 하루도 빠짐없이 다람쥐 쳇바퀴 돌

듯 반복한다. 얼마나 힘들고 지루하고 지치겠는가? 이러한 충성심과 애국심을 가진 병사들이 지키는 수고로움 덕분에 온 국민이 편히 잠들 수 있는 것이다.

나는 이 자리를 빌려 모든 병사에게 감사함을 전하고 그 부모님들께 고맙다고 말하고 싶다. 지금, 이 시간에도 전후방 각지에서 묵묵히 초소를 지키며 밤을 지새우는 우리 충성스러운 병사들에게 한없는 격려를 보낸다. 집안에서 마냥 귀엽게 자라 청소 한 번 빨래 한 번 안 하고 컸던 젊은이들이 고된 일을 견뎌 내면서도 틈틈이 책을 읽고 체력 단련을 하고 서로를 보듬으며 사는 모습을 보면 나라의 장래도 밝다는 것을 알 수 있다. 이들이 장차 조국을 짊어지고 나갈 버팀목이 될 테니까 말이다.

제3부 김 병장의 마지막 인사　163

비무장지대의 외로운 섬 GP

내가 연대장으로 취임하고 한 달도 채 되지 않은 때에 인접 부대의 GP에 큰 사고가 발생하여 긴장했던 적이 있다. 우선 병사들과 부모들을 안심시키는 것이 급선무여서 나와 간부 휴대전화로 일일이 집에 안부를 전하도록 조치했었다. 그리고서 어떻게 하면 강한 전투력을 유지하면서도 사고를 방지할 것인가에 대해 고민을 하기 시작했다.

6·25 전쟁 당시 휴전협정을 진행하던 2년간 한 치라도 더 땅을 뺏기 위한 고지전을 치열하게 전개하였는데 이때의 엄청난 희생으로 다행히 우리 군이 방어나 경계에 더 유리한 고지를 점령하게 되었다.

그때 백마고지, 저격능선, 피의 능선 전투 등 고지전으로만 희생된 군인이 유엔군 만 오천여 명, 중공군과 북한군 십이만여 명이었다고 하니 거의 날마다 고지의 주인이 바뀌는 전사에 유례없는 전투가 진행되던 곳이다. 그렇게 하여 비무장지대 내에 방어에 유리한 고지를 연하여 GP가 생겨난 것이다. 그런데 9·19 군사 합의 당시 북한군 GP는 160여 개, 우리 GP는 60여 개인데 각각 11개의 GP를 없앴다고 했을 때 위정자들이 산수도 못 배운 이들이라는 착각이 생겼다. 그렇게 목숨 바쳐 힘들게 빼앗고 지켜 온 곳인데 그럴 수는 없다는 울분이 가슴을 치고 올라오곤 했었다.

비무장지대는 6·25 당시 비행기로 많은 지뢰를 뿌린 곳이라 지금도 100만 발 정도 남아 있을 것으로 추정된다고 한다. 70년간 사람의 손길이 닿지 않은 천혜의 원시림이 우거진 곳으로 생각할 수 있는데 시계를 확보하기 위한 화공작전과 자연발화 등으로 산불에 노출되어 숲이 우거진 지역보다는 갈대와 잡목이 무성한 곳이 더 많다. 여름에 번개가 산등성이를 내리치면서 파란 불이 지면에 부딪는 현상을 목격하는데 어김없이 폭발음이 생기곤 했다. 지뢰 터지는 소리이다. 동물이 밟았는지 나무가 쓰러졌는지 원인 모르게 지뢰가 터질 때면 적 침투가 있지 않나 해서 긴장하곤 했다. 그 안에 외로운 섬처럼 GP가 유엔기와 태극기를 펄럭이며 있는 것이다.

GP에 있는 관측경으로 보면 북한군 병사들이 근무서는 얼굴 모습도 보였다. 겨울엔 초소에서 나와 볕 좋은 남쪽에서 조는 모습도 볼 수 있는데 하나같이 깡마르고 작았다. 부식차가 들어오는 경우는 관측이 거의 안 되고 영농활동은 자주 보이는 거로 봐서 상당한 부분을 자급자족하고 있음을 알 수 있었다. 내가 직접 관측한 바로는 열 명 정도가 옥수수를 수확하여 가는데 흰옷과 검은 옷, 군복 등 모두가 입은 옷이 다르고 군기가 해이한 모습이었다.

나는 GP에서 사고를 방지하기 위해 나름 인접 부대의 사건 원인도 분석하고 대비책을 마련하고자 여러 간부와 병사들의 의견을 청취하면서 고심했었다. 그리고 모든 것의 원인은 사람이라는 평범한 결론에 도달하였다. 그리하여, 좁은 공간에서 스트레스를 적게 받고 갈등을 유발하지 않으면서 더불어 잘 지내는 방법이 무엇인가를 고민했었다. 요사이 젊은이들은 배려와 겸손, 양보보다는 경쟁과 성취, 남을 이기는 데 더 익숙한 삶을 살아왔다. 점수로 줄 세우고 공부가 인생의 전부인 양 다그치는 부모 밑에서 대부분 자라 온 것이다. 그러니 다른 이를 이해하기보다 자기의 프라이버시를 지키는 데 더 가치를 두고 있어 옆 전우가 어떻게 살아오고 무슨 생각을 하고 있는지를 잘 모른다. 자기에게는 구체적이지만 남은 피상적으로 바라보는 게 일반화되어 있다. 그러다 보니 갈등이 생기면 이를 풀기가 어렵고 풀어 갈 공간도 없으며 어떻게 할 수 있는 돌파구가 없는 것이 GP라는 생각이 들었다.

GP 투입 전에 나는 누구와 같이 가고 싶은가와 누구랑 가장 가고 싶지 않은가를 비밀리에 파악하여 다이어그램을 만들고 적어도 몇 명은 속을 터놓을 수 있는 관계를 만들어 나갔다. 폭력 성향이 있거나 많은 사람이 싫어하는 병사는 보직을 바꾸어 들여보내지 않았다. 3개월마다 교대되는데 그 기간에는 전화도 안 되고 외부와는 완전히 차단되는 생활을 할 수밖에 없었으나 다행히 교대한 다음 날 포상 휴가를 받는 게 그나마 큰 위로가 되었다. 나는 규정에 일부 어긋나지만, GP 투입 전에 참모들과 같이 가서 술이 포함된 회식을 시켜 주었다. 출정식에서 하사주를 내리듯이 모든 병사에게 술잔을 건네며 격려를 했다. 그리고 자주 방문할 것을 약속하였다.

GP에 들어가려면 군사정전위원회의 허가를 받아야 하니 불시 순찰은 꿈도 못 꾸고 그곳에서 무슨 일이 발생하는지 보고하지 않으면 알 수 없는 외로운 섬이다. 그러니 알아서 스스로 잘하도록 동기를 부여하고 갈등이 생기지 않도록 보듬어 가며 지휘해야 한다. 가장 힘든 게 지루함일 것이다. 그래서 책도 비치하고 헬스 기구도 설치하고 탁구대나 3인 농구장도 설치하여 스트레스를 해소하도록 배려했다. 물론, 적과 가장 근접하여 대치하고 있으니 비상 상황에 대비하여 훈련 수준을 점검하는 것도 중요했다.

현장지도 시에는 그들에게 도움이 되는 이야기가 무엇일까를 생각하여 정신교육 자료를 꼼꼼히 챙겼다. 가장 많이 했던 말이 대인관계에 대한 것이었다. 요즘 젊은이들은 자기 방에서 컴퓨터와 노는 시간이 많은 데다 핵가족화되어 있어 가족 간의 대화도 별로 없다. 게다가 학원과 학교 공부, 취업 준비 등으로 노는 데 익숙하지 않고 친구

관계도 좁아서 대인관계에 대한 두려움이 많은 편이었다. 그래서 사람은 누구나 다르다는 것을 이해하고 상대방 처지에서 바라보는 공감 연습을 시켰다. 오해에 대해 대처하는 방법과 손을 내밀고 마음을 여는 관계 습관 등을 이야기해 주었다. 마음은 물과 같아서 닫으면 꽁꽁 언 얼음이 되어 바늘도 안 들어가지만, 마음을 열면 모든 생명을 살리는 물이 된다는 법정 스님의 얘기를 많이 전해 준 것 같다. '때문에'가 아니고 '덕분에'라든가, 남 탓이 아니고 내 탓을 하라는 등 나도 잘 실천하지 못하는 공자 같은 말을 자주 했었다.

지금도 그곳에는 적과 마주하며 불철주야 근무하는 충성스러운 우리의 아들들이 있다. 밤하늘의 별을 보며 좁은 공간이지만 마음으로 보면 무한히 넓은 공간임을 깨닫고 매일 마음속으로 탈영하여 서울 거리를 배회하는 병사들이 살고 있다. 평생을 면벽하여 자신을 수양하는 스님은 아닐지라도 3개월씩 동안거, 하안거하는 병사들이 마음 닦으며 살고 있다. 그렇게 하여 멋있게 성장한 젊은이가 되도록 빌어 본다.

동해안에서 한 일

내가 태어난 곳은 지금의 동해시, 당시는 묵호읍이다. 함경도 등지에서 피난 나온 이들이 산등성이에 판잣집을 다닥다닥 짓고 살면서 어렵게 삶을 이어 오던 곳이었다. 오징어와 정어리가 지천인 시절에는 매일 생선을 먹었다는데 어린 시절 기억은 가물가물하다. 그래도 가끔은 생각하고 있었는데 뜻하지 않게 그곳으로 보직을 받아 근무하게 되었다.

동해안을 책임지고 있는 군단의 참모가 내 직책이었다. 금강산 관광객 박왕자 씨 사건으로 남북출입사무소가 폐쇄되다시피 했던 시절이었고, 주기적인 산불과 태풍 피해로 많은 어려움을 겪는 지역이며 북한으로부터 해안과 내륙 침투가 잦았던 곳이다. 그러나 남들이 큰 맘 먹고 보러 오는 동해안 일출을 매일 볼 수 있고 지역 내 관광지를 책임지고 있으니 관광이 곧 작전이 되는 곳이기도 하였다. 특히, 돈을 주고도 못 하는 구경은 헬기를 타고 단풍으로 물든 설악산 능선을 지나갈 때나 건봉산 가까이 접근해 금강산의 단풍을 구경할 수 있을 때이다. 친절한 헬기 조종사가 쌍안경을 비치하여 북한 지역을 다 볼 수 있도록 해 주었다. 헬기를 타고 해안선을 따라 바라보는 풍경이나 한계령을 지나 구룡령을 넘을 때 보았던 경치는 말로 표현하기 어려운 절경이었다. 휴일에는 가끔 맘에 맞는 이들하고 설악산 금강굴도 가고 미천골 계곡 트레킹이나 법수치계곡 깊은 곳으로 등산하기도 하였다. 얼마나 오지인지 핸드폰이 연결되지 않아 급히 내려온 적도 있었을 정도이다. 부대 단결행사로 새해 해돋이를 보러 모이고 설악산 등반 대회를 열기도 하였다.

업무 인수인계를 하면서 지형 정찰을 하는데 해안을 잘 아는 간부와 통일전망대부터 삼척의 임원항까지 적 침투 예상 지역과 잠수함이 내려앉을 가능 지역을 살피며 240여 ㎞를 며칠에 걸쳐 확인하였다. 그러면서 관광지와 해수욕장, 명소들을 함께 둘러보며 맛집 기행도 곁들였다. 당시는 경포대와 같이 유명 관광지 몇 군데를 제외하고는 철책으로 막혀 있고 초소 근무와 도보 및 항공 순찰이 계속되던 시절이었다. 1996년 9월 18일 강릉 괘방산 아래에서 적 잠수함이 좌초되었는데, 거기서 전원 장교로 구성된 승조원 19명과 침투조 7명이 상륙하여 49일간 대침투작전을 전개, 인제 연화 계곡에서 최종 2

명을 사살함으로써 작전을 종결한 아픈 과거를 갖고 있기 때문이었다. 이들은 춘천에서 개최되는 전국체전에서 대통령을 암살하는 것이 최종 목표라는 끔찍한 임무를 계획하고 있었다. 이후에도 1998년 6월 정주영 회장이 트럭에 소 500마리를 싣고 판문점을 통해 북한을 방문한 일주일 후 북한의 유고급 잠수함이 속초 앞바다에서 그물에 걸려 좌초되었다. 인양한 결과 9명의 승조원과 공작원이 피를 흘리거나 총에 맞아 숨겨 있는 것이 발견되기도 했었다. 거슬러 올라가면 1968년 가을에 3회에 걸쳐 120여 명의 무장 공비를 울진 삼척 일대에 침투시킨 전례도 있다.

해안 순찰을 하면서 보니 지금은 더 진행되었지만, 당시에도 곳곳에 해안 침식이 발견되고 일부는 철책 가까이까지 노출된 곳도 있었다. 인간의 욕심이 빚어낸 인공 시설물과 해안 가까이 지은 건물들, 해안 환경을 살리지 못한 에너지 정책으로 설치된 발전소들, 모래사장을 보호하고 침식을 막기 위해 설치한 도류제, 이안제, 돌제 등이 오히려 침식을 부추기고 있었다. 천혜의 환경이 아픈 상처를 입고 있는 현장을 직접 목격할 수 있었다. 그러나 해안에서 장사하거나 해수욕장 근처에서 영업하는 이들, 해안 가까이 사는 주민들은 수시로 해안 철책을 제거해 달라는 민원을 제기하고 있었다. 실제로 마당 앞에 차 한 대 댈 수 없을 정도로 붙어 있는 철책도 있었고 집의 지붕보다 높은 철책으로 인하여 바다를 바라보는 조망권을 상실한 지역도 있었다.

당시 지휘관과 나는 철책이 적의 침투를 막는 데 별로 효용 가치가 없다고 생각했다. 실제로 남쪽으로 내려올수록 철책 보수에 어려움이 많았고 무너져 내린 곳이나 개구멍이 난 철책이 수시로 발견되곤 했다. 그리하여 경계는 더욱 강화하면서 철책을 효율적으로 관리하고 민원을 해소하는 방안을 찾기로 하였다. 가장 어려운 것이 1996년도 대침투작전에 참가했던 군의 고위 지휘관과 참모들을 설득하는 것과 철책 제거 후 그에 상응하는 감시 장비를 강화할 예산을 확보하는 것이었다. 가장 큰 난관은 어떻게 600여 리의 긴 해안선을 현장감 있게 표현하여 경계 안정성을 확보하였다는 것을 입증하느냐는 것이었다. 며칠을 고심하고 여러 의견을 청취한 결과 항공사진을 찍어 공병부대에 있는 청사진용 컬러복사기로 인쇄하면 되겠다는 결론에 도달했다. 그러면 현장감과 비밀 엄수의 두 마리 토끼를 잡을 수 있기 때문이다. 나는 실무자와 헬기를 타고 바다로 나가 해안을 촬영하기 시작했다. 어느 정도 바다로 나갔을 때 해안선 20㎞를 한 번에 촬영할 수 있는지 확인하여 몇 번의 시험비행을 하고 몇 번의 인쇄를 하면서 시행착오를 거쳐 드디어 맘에 드는 해안선 사진을 얻을 수 있었다. 거기에다가 현재의 경계시설물 위치, 감시 장비 탐지 범위와 적 침투 예상 지역, 적 잠수함이 내려앉을 수 있는 가능 지점 등을 표시하였다. 그 위에 철조망 철거 지역을 표시하고 취약 지역을 보강할 장비와 대응책을 마련하여 보고서를 작성하였다. 이를 들고 국방부까지 제대별 상급 부대에 보고하여 승인받고, 국무조정실에 설득하여 예산을 확보할 수 있었다. 그 이후의 사업은 후임자에게 맡기고 나는 무사히, 무탈하게 보직을 만료하였다.

전역 후에도 가끔 동해안을 찾는다. 가족 여행이나 부부, 친구 모임을 할 때 아름답게 정비된 해안 둘레길이나 관광 펜스로 변한 옛 철책이 있던 지역을 만나면 뿌듯한 자긍심을 느끼곤 한다. 때로는 아내가 아이들한테 철책 제거를 아빠가 하였노라고 이야기할 때면 내가 마중물만 주었을 뿐인데 하는 쑥스러움도 느낀다. 그 시절에도 주민들과 대화할 때 그나마 난개발이 되지 않고 청정 해안을 지킬 수 있었던 것은 철책과 군인들의 공도 컸다는 것을 강조하곤 했었다. 앞으로도 후손에게 물려줄 아름다운 자연을 위해 인간의 욕심을 최소화하고 자연 그대로 보전하는 정책과 여론이 형성되기를 바라 본다. 그렇게 나와 동해와의 인연은 태어나면서부터 연결되었고 앞으로도 계속될 것이다.

스스로 생을 마감한 친구

몇 년 전 내 친구가 스스로 생을 마감했다. 정치적으로 적폐청산 한다고 반대편에 있었던 그를 강압적으로 수사하고 죄를 덮어씌운 것이다. 말이 없으니 이유를 물을 수 없겠으나 유추해 보면, 관련된 사람들에게 책임을 묻지 못하게 하고 자신의 명예를 지키려고 충동적으로 한 행동이 아니었나 싶다.

조문은 그의 고등학교 동창과 함께했는데 엎드린 어깨를 들썩이며 오열하는 친구 옆에서 나는 분노가 치밀어 눈물도 나지 않았다. '왜 죽임을 선택할 만큼 지독하게 괴롭혔을까? 그래도 살아남아야 했지 않았을까?' 하는 물음에 스스로 답을 찾지 못했기 때문이다. 그러면서 넬

슨 만델라를 떠올렸다. 국가반역죄로 26년간 감옥 생활을 했으나 끝내는 흑인 차별 철폐와 민주화를 이루고 대통령이 되었으며 노벨 평화상을 수상한 그는 "나의 성공으로 나를 판단하지 말라. 내가 얼마나 많이 넘어지고 다시 일어섰는지를 보고 나를 판단하라."라고 말했다.

"어둠이 나를 뒤덮고 있는 이 밤에도 / 온 세상이 탄광 속처럼 캄캄한 이 밤에도 / 나는 신들에게 감사합니다. / 내게 굴복하지 않는 영혼을 주셨으므로. / 내 머리는 피투성이가 되었어도 나는 굽히지 않았습니다. / 나는 내 운명의 주인이니까 / 나는 내 운명의 선장이니까."

만델라가 옥중에서 자주 읊었다고 하는 어니스트 헨리의 〈우리가 꿈꾸는 기적〉이다.

모진 풍파를 이기고 항해해 온 선장이 더욱 항해술을 발전시키고 지혜를 선물하듯이 인생에서 위기와 시련이 닥쳐올 때 온몸으로 싸워 이겨 내는 자가 진정한 용기 있는 사람이 아니겠는가? 한신은 가랑이 사이를 기어 나가는 수모를 겪으면서도 자신을 지켜 내어 마침내 대장군이 되었는데 내 친구는 너무 조급하고 성급하게 생을 마감한 게 아닌가 하는 의구심이 들었다. 지금 그가 살아 있다면 군과 국가를 위해 요긴하게 쓰일 인재가 되었을 텐데 하는 아쉬움도 묻어난다.

그 사건과 더불어 죽으려다가 살아남은 친구도 떠오른다. 서울에서 무역상을 하다가 수십억 손해를 보고 회사가 부도가 나자 스스로 죽을 결심을 하고 고향인 여주를 찾았단다. 남한강 다리를 보면서 소주를 두 병 벌컥대며 마신 후 차를 몰아 다리 난간을 부딪쳐 떨어지려고 하는 순간, 자기도 모르게 브레이크를 밟았단다. '나는 죽을 용기도 없구나.' 하면서 오열하고 그 길로 본가에 가서 꼬박 하루를 죽은 채 자다가 깨어 '그래, 죽을 만큼 열심히 다시 시작해 보자.'라고 결심하였단다. 지금은 그 빚을 다 갚고 회사 하나를 다시 세워 아들과 공동으로 잘 운영하고 있다.

우리나라가 OECD 국가 중 자살률이 1위라는 것은 모두가 알고 있는 사실이다. 그중 65세 이상 노인 자살률은 10만 명당 거의 60명에 이르러 OECD 평균에 3배 정도 높다고 한다. 특별히 우리나라 사람들이 프로이트가 말하는 생존의 본능이 강한 삶의 충동보다 자기 파괴적 죽음 충동이 강한 민족일까? 에리 프롬은 삶 지향과 죽음 지향의 성향이 있다고 분석했다. 삶 자체를 사랑하며 자기와 타인의 성장과 발전에 관심을 가지며 미래지향적인 삶 지향의 사람과 죽음에 매력을 느끼며 과거에 집착이 강한 냉정한 성격의 죽음 지향형 중 유독 우리 민족이 후자일까? 나는 아니라고 생각한다. 민족성이 아니라 젊은이들은 치열한 경쟁에 시달리고 노인들은 빈곤에 허덕이는 사회적 환경이 원인일 게다.

프랑스의 사회학자인 에밀 뒤르켕은 자살을 이기적, 이타적, 아노미적, 숙명론적 자살로 분류하면서 "모든 자살은 사회적 타살일 확률이 높다."라고 하였다. 최근에 우리 사회의 논쟁거리가 되는 선생님들 죽음의 예를 보면 그 말이 더욱 공감된다. 교사라는 이유로 책임을 과도하게 강요하는데 그 책임을 제대로 수행할 수 있는 권한이 주어져 있지 않다. 사생활 침해를 겪어도, 성희롱을 당해도, 폭언을 들어도, 심지어 신체적 폭행을 당해도 선생님이라는 이유로 입막음을 당하고 고소를 당한다. 아무것도 할 수 없는 절망감과 무력감, 아무도 내 편이 되지 않는 학교 관리자들의 무능과 보신주의가 죽음으로 내몬 것이다. 거기다가 자기 자식만 최고인, 자기 자식밖에 모르는 학부모의 횡포가 더해진 것이리라. 한국 사회가 저지른 예고된 자살이며 사회적 타살인 셈이다.

노인들은 어떠한가? 노인 중 경제적 빈곤을 겪는 비율이 40%를 넘어 OECD 국가 중 당당히(?) 1위이다. 노인으로서 자연스레 겪는 건강의 악화, 신체 질환과 통증, 주변에 부부나 자식, 친구의 사별과 상실, 사회적 고립감 등 다양한 요인들과 더불어 빈곤이 죽임으로 내몰리는 이유로 보인다. 노인 자살은 하나의 요인보다 복합적 요인이 상호작용하여 일어나고 우울증과 신체 질환의 연관성이 높다고 한다. 너무 오래 사는 것도 그중 한 원인일 게다. 노인이 되면 '더 살아서 뭐 하나.' '이만큼 살았으면 됐지.' '자식에게 부담되기 싫다.' '아무짝에도 쓸데없는 인간이다.'라는 자조적 한탄을 내뱉는 경우가 많은데 말대로 된다고 하듯이 삼가야 할 언어들이다.

나는 지휘관으로 있을 때 자살 예방 교육을 자주 하곤 했다. 군에 입대하자마자 급격한 변화를 겪는 병사들은 적응에 애를 먹는 환경이고 스트레스와 억압이 심하고, 특히, 비인격적 모독을 당할 수 있는 소지가 다분한 곳이다. 통제된 공간은 죄수 취급당하는 듯하고 과도한 업무는 감당하기 어려울 정도인 경우가 자주 발생한다. 그러니 가정의 해체나 애인의 변심 등 외부요인과 더불어 자살 충동을 겪는 병사나 간부가 있을 수밖에 없는 환경이다. 이론적인 교육도 중요하지만 나는 자살 충동이 노출되도록 토론을 하게 하였다. '언제 어떠할 때 자살하고 싶은가?'를 서로 이야기하는데 잘 진행되지 않는 경우가 많았다. 감추고 싶은 아픈 고리이며 죽음에 관해 이야기하는 것을 꺼리는 심리가 작용한 듯했다. 그러나 말할 수 있는 분위기 조성과 사례 위주 토론 자료를 교육하는 등 말문을 트이게 했고 효과가 있었다고 자부한다. 어려운 환경임에도 군의 자살률이 일반 사회보다 낮은 이유는 이러한 교육의 덕분이라고 생각하면서 우리 사회에서 죽음 교육과 자살 예방 교육이 더 많이 더 이른 시기에 이루어져야 한다고 생각한다. 자살하면 안 되는 이유를 교육하고 아무리 고통스럽더라도 삶의 의미를 찾도록 하여 절망을 이겨 낼 수 있는 용기를 갖게 해야 할 것이다. 언론도 나비효과, 베르테르효과가 있는 자살 사례를 자극적이지 않게 정제하여 보도하고 부정적이고 잘못된 점을 동시에 보도하는 적극적 예방 자세가 필요하다고 생각한다. 탤런트 최진실 씨가 자살했을 때 앞다투어 보도한 결과 한 달간 수백 명의 모방 자살이 있었고 그의 남동생과 전남편도 자살한 예를 시금석으로 삼아야 할 것이다.

자살은 죄이며 특히 하나님한테 짓는 가장 사악한 범죄라고 생각한다. 생명을 주신 이에게 허락도 없이 스스로 생명을 버리는 행위이기 때문이다. 영적 성장의 기회인 삶을 자살함으로써 걷어차 버린 것이고 이번 생에서 해결해야 할 숙제를 다 못하고 마감하는 죄를 범한 것이며 가장 어리석은 선택이라고 생각한다. 우리는 인생의 고통에서 의미를 찾고 절망 속에서도 '이 또한 지나가리라'를 새기며 마지막까지 최선을 다하는 삶을 살도록 노력해야 할 것이다. 잘된 선택은 아닐지라도 대의(大義)를 위해 목숨을 내던진 내 친구의 명복을 빈다.

이순신 장군이 밥 짓고 빨래했다면

한때 세상을 떠들썩하게 했던 대장 부부 공관병 갑질 사건이 있었다. 호출용 손목시계를 차게 했다거나 모욕적 언사를 하며 부당한 지시와 지나치게 고된 일을 시켰다는 것이었다. 재판에서 무혐의 판결은 났으나 이미 전 국민이 아는 사건이 되어 버렸다. 평생을 군과 국가를 위해 헌신해 온 한 장수의 삶이 그렇게 불명예스럽게 마감된 것이다. 이렇게 큰 결함이 있었는데 어떻게 최고 계급까지 올라갔을까?

이번 일로 전 장군의 공관에서 그들을 보필하던 병사들이 사라지게 되었다. 수행하는 전속부관도 야간에는 대부분 퇴근시키고 혼자 공관에서 생활한다는 것이다. 요사이 지휘관들은 아내와 아이들이

180 계급장 떼고 10년을 살아 보니

직장과 특히, 학업 때문에 함께 생활하지 못하고 있는 경우가 대부분이다. 경계를 위해 공관은 부대 안에 있는데 평일에는 그나마 부대 내에서 식사할 수 있으나 휴일에는 고스란히 혼자 해결해야 할 때가 많다고 한다. 밥 한 끼 먹자고 정문을 통과하여 시내를 배회할 수도 없지 않은가? 배달 음식도 안 오는 전방 지역은 대대장만 해도 휴일에 시내 나가기가 꺼려진다. 외출, 외박 나온 장병들이 좁은 시내에 가득하기 때문이다.

만약에 이순신 장군에게 밥 짓고 빨래하라고 했으면 어떤 일이 벌어질까 하는 엉뚱한 생각을 해 봤다. 당시는 라면 같은 일회용, 반 조리용 식품과 냉장고도 없었을 테고 가스레인지가 없으니 온전히 불을 때서 밥을 지었을 것이다. 나무를 해 오고 불쏘시개를 넣어 불을 지핀 다음 쌀을 씻어 밥을 안친 후 다른 아궁이에 국을 끓이고 반찬을 만들었을 것이다. 고기나 채소 등 부식은 받았다고 하더라도 다듬어 씻고 칼질을 했을 것이다. 아마 밥 한 끼 해결하는 데 족히 두어 시간은 걸리지 않겠나 싶다. 텔레비전에 〈삼시세끼〉라는 프로를 연상하면 될 듯하다. 종일 밥하고 먹는 데 치중하는 프로였으니까. 빨래는 또 어떠했을까. 세탁기가 없으니 한복이나 관복은 손빨래했을 터이다. 널어 말리는 데도 시간이 걸리고, 동정은 뜯었다가 바늘로 다시 꿰매고 인두로 다림질해야 하며 다른 부분은 숯불을 넣은 다리미로 다렸을 것이다.

이순신 장군은 제해권을 장악하여 일본군의 주 전략인 수륙병진

작전을 원천 봉쇄하였다. 능력 위주 인사로 나대용 등을 중용하여 거북선을 개발했으며 시문에 능하여 《난중일기》를 남겼다. 모함으로 옥고를 치르고 백의종군의 치욕을 견뎌 낸 후 12척의 함선으로 명량해전에서 이겨 나라를 구했다. 당시, 원균 등이 지휘권을 흔들려 하였으나 다른 장수들과 부하들은 그를 절대적으로 존경하고 신뢰함으로써 명량해전을 승리로 이끌 수 있었다. 뻔히 죽을 줄 알면서도 지휘관의 명령에 절대복종하여 이루어 낸 승리이다. 위대한 장수 한 명이 수만의 군대나 수백 척의 함선을 이길 수 있음을 보여 준 전례이다. 조정의 정치싸움에 휘말려, 모진 고초를 당한 상황에서도 나라를 위해 분골쇄신한 위대한 장수의 전형적 모델인 것이다.

반면, 6·25 전쟁은 어떠했는가? 당시 채병덕 참모총장과 일부 수뇌부가 한 일을 보자. 남침 한 달 사이에 일어난 일들인데 일선 부대의 적정 보고를 뭉개거나 무시했고, 전후방 사단장과 연대장급 인사를 단행하여 부대 지휘권이 확립되지 못한 상황이었다. 또한, 전후방 부대를 교대시키고 비상 경계령을 해제한 후 장병의 반을 휴가나 외출, 외박 보냈다. 전쟁 발발 전날 밤은 밤새워 장교구락부 개관 파티를 하였으며 전쟁이 터진 상황에서도 참모총장의 잠을 깨운다고 보고하지 않았다. 당시 일부 군 수뇌부의 일탈은 국가를 누란의 위기로 몰아넣었고 수많은 병력과 민간인이 희생되었으며 나라가 휴전선을 사이에 두고 두 동강 난 비극을 낳았다.

역사는 우리에게 수많은 교훈을 주고 있지만, 아직도 우리는 또 수

많은 오류를 범하고 있다. 나라가 강성했던 시기였던 발해의 대조영과 고구려의 광개토대왕, 신라의 무열왕 김춘추 등은 관군 일치로 직접 전장을 누비며 전투를 지휘했었다. 반면, 임진왜란 때의 조정은 어떠했는가? 10만 양병설은 안중에도 없이 당파 싸움으로 지새며 양반들은 군역에서 빠지고 무기는 다 녹슨 상태로 일본군을 맞이한 것이다. 일본의 조총에 맞서 싸울 무기도 없고 급조된 관군은 가는 동안 무수한 탈영병이 생겨, 할 수 없이 배수진을 치고 탄금대에서 싸우다가 전멸한 것이다. 그러는 사이에도, 깊은 고뇌와 사색으로 미래전을 구상하며 함선을 건조하고 군사를 조련했던 이순신 장군이 있었기에 나라를 빼앗기는 최악의 상황은 면할 수 있었다.

이러한 장수의 중요성을 안다면 만약에 장수가 큰 죄를 저질러 감옥에 가더라도 명예와 자존심은 지켜 주는 것이 최소한의 예의일 것이다. 병사의 인권이 중요하다고 그들을 비인격적으로 대한 지휘관의 작태를 만천하에 공개한다면 국민은 지휘관을 믿지 못할 것이고 부하들은 지휘관을 우습게 볼 것이다. 무리한 지시나 훈련 시에는 가지고 있는 핸드폰으로 공개하여 나도 지휘관을 자를 수 있다는 하극상이 없으리란 보장이 없다. 하물며 목숨이 위험한 전투 현장에서 명령을 따르겠는가?

지휘권의 약화는 목숨 바쳐 나라를 구해야 하는 군인에게 그 중심을 잃게 하는 최악의 상황으로 임무 수행이 불가능하도록 만든다. 절대적인 지휘권이 발휘되지 않으면 위급한 상황에서 수많은 장병이 애꿎게 희생되는 비극을 초래할 것이다. 위기 상황에서 국민의 자제를 건져 내는 방법은 지휘관을 중심으로 뭉쳐진 팀워크와 상호 무한 신뢰밖에 없다. 그런데 군의 지휘권을 흔들거나 군 지휘관을 가벼이 여기면 적에게 엄청난 전력을 가져다 바치는 꼴로 전투력 약화를 가져오게 되는 것이다. 게다가 전쟁 불감증이 만연된 사회 분위기는 이를 아무렇지도 않게 받아들이고 있다.

미래는 상상 이상의 속도로 전투 환경이 변화하는 중이며 그러한 미래를 직관하고 대비하는 것은 지휘관의 몫이다. 미래전은 비대칭 전력과 정밀무기가 운용되고, 많은 전투력 요소가 통합되어 수행될 것이다. 따라서 지휘관은 깊은 사고력과 통찰력으로 비전을 제시하고 부대를 한 팀으로 단련시켜야 한다. 또한, 자신의 작전개념이 전 부대원에게 숙지되고 숙달되어야 불확실하고 변화무쌍한 전투 환경을 극복하고 승리를 쟁취할 수 있을 것이다. 그러므로 지휘관이 개인의 일상사에 얽매이지 않고 깊게 고뇌하고 사색할 여유의 시간을 확보해 주는 것이 국가 위기에 대응하는 한 방편이 될 것이다. 그리고 전쟁 시에 죽음의 계곡에서 자기 아들을 살리고자 한다면 평소 지휘관을 존경하고 아껴 주는 국민적 분위기가 만들어져야 한다. 우리가 국가의 명운이 걸린 장수를 아끼고 보호해 주어야 할 이유인 것이다.

김 병장의 마지막 인사

낮술을 거나하게 마시고 일찍 잠이 든 저녁이었다. 꿈결에 빛이 환하게 보이더니 형체는 없는데 목소리가 들렸다.

"저 이제 갑니다. 안녕히 계십시오."

벌떡 깨니 자정이 안 된 시각이었다. 분명 김 병장의 목소리였는데 '이상하다.' 여기면서 핸드폰을 보는데 부고가 와 있었고 다른 부하가 부재중 전화를 했었다.

다음 날 상황을 알아보니 운전하다가 어떤 이유였는지는 모르겠으나 정신을 잃고 운전석에서 숨이 멎었다는 것이었다. 부랴부랴 장례식장을 찾으니 초라한 영안실에 굳은 표정의 영정 사진과 동생이 우리를 맞이했다. 조금 있다가 나를 아는 그의 전우 둘이 급하게 달려와 자초지종을 이야기해 주었다. 그들은 내가 중대장 시절 부하들이다. 김 병장은 유난히 나와 아내를 좋아하고 따랐던 친구로 내가 전역하고 나서 집에도 찾아와 같이 잠도 잔 몇 안 되는 사람 중 한 명이었다. 홀로되신 어머님을 모시면서 혼기를 놓쳐 장가도 못 간 오십중반의 사내로 성품이 좋고 어울리기 좋아하니 옛 전우들과도 끈끈한 인연을 쌓으며 지내다가 불현듯 저세상으로 사라진 것이다. 졸지에 일어난 사건이라 동생도 난감해했고 남긴 것이라고는 살았던 집이 전부라고 했다. 조금 있더니 고모님이 찾아와 늙은 노구를 끌고 대성통곡을 하는데 민망하여 밖으로 빠져나왔다. 장가도 못 가고 구천을 떠돌 조카를 어찌하냐는 것이었다. 집으로 오면서 어젯밤 그의 목소리가 아직도 쟁쟁하여 영혼이 찾아와 인사를 하고 갔다는 의구심을 떨쳐 버릴 수 없었다.

그런 일이 있고 나서 아내와 함께 강원도 인제에 있는 박인환 문학관과 시(詩) 박물관, 만해 한용운 기념관 등을 돌아보는 여행을 하였다. 점심을 먹기 위해 들어간 식당에서 주인아주머니와 이야기하던 중 본인은 죽었다 다시 살아난 경험을 했노라고 하면서 그 당시의 이야기를 들려주었다. 나물을 뜯으러 산에 올랐다가 갑자기 정신을 잃고 쓰러졌는데 환한 빛 속으로 빨려 들어가 커다란 궁궐 문 앞에 당도하였단다. 거기를 지키는 군인 같은 이들이 통행증을 보이라 하는데 "없다."라고 했더니 돌아가라고 하여 깨어나 집으로 왔다는 것이다. 그 이후로는 두 번째 살고 있다는 생각에 삶의 자세가 바뀌어 손님들한테나 누구에게도 정성을 다하며 살고 있노라고 하였다. 연이어 아내가 자신의 고모할머니 얘기를 꺼냈다. 심하게 앓다가 정신 줄을 놓았는데 복사꽃보다 더 화려한 길을 따라가다가 어느 강가에 도착하니 다리가 있더란다. 왠지 저 다리를 건너면 영영 못 돌아올 것 같다는 생각을 하고 있는데 맞은편에서 자신의 왼팔을 잡아 끌어당기더란다. 불현듯 자식 생각이 나서 확 뿌리치고 오던 길로 되돌아와서 깨어났단다. 그런데 잡혔던 왼쪽 팔은 그 후에 마비가 된 채 사셨다는, 믿기지 않지만 현실인 이야기를 주고받았다.

그 이후로 사후 세계와 영혼, 근사 체험, 신비 체험에 관해 좀 더 관심을 두게 되었다.

죽음을 경험했던 어떤 이는 "내가 본 다른 세상은 멋진 곳이고 거기 머물고 싶다고 생각했어요. 그러나 아이들을 생각하니 누가 내 아이들을 돌볼지 걱정이 되었어요. 그래서 살아야겠다고 생각하며 돌아왔더니 깨어났어요."라고 증언했다. 아내의 고모할머니와 유사한 내용인 것이다. 최근에 심폐소생술이 발전하면서 근사 체험자들이 증가했다고 하는데 자신의 몸에서 이탈하여 자기를 살리려고 애쓰는 이들을 본다든가, 수술하는 의사와 간호사들을 보는 경우도 종종 보고되곤 한단다. 근사 체험자들이 증언하는 중에 공통적인 면은 자신이 죽었다는 것을 인식하고, 체외 이탈을 경험하며 빛이 밝은 터널을 지나 천상의 풍경을 보았고, 이미 세상을 떠난 이들을 만나는 등이라고 한다. 그러면서 그 체험 이후는 삶을 긍정적으로 살면서 내가 죽어도 다른 더 좋은 곳에서 여전히 산다는 믿음을 갖는다고 한다. 또한, 다른 사람에 대한 이해와 공감의 폭이 넓어지고 인생의 목적을 이해하며 영적 관심과 죽음에 대한 두려움이 해소되면서 일상사에 대한 감사가 늘어난다고 한다. 심지어 강도가 칼을 들이대고 죽이려 해도 크게 겁내지 않는다고 했다. 왜냐면 죽음이 소멸이 아니고 옮겨 감이라는 확신이 있기 때문이란다. 인제 식당 안주인의 이야기와 유사하다. 즉, 일상의 생활에 머물렀던 시선이 먼 곳의 별을 바라보는 것으로 바뀐 것이다.

예전 의사들은 근사 체험을 환각이나 미신이라고 생각했는데 현대에는 그 사례가 증가하고 일관성이 있으므로 실제적인 경험으로 인식하여 연구하고 믿는다고 한다. 인간의 얕은 지식 속에는 직접 보고 들은 것만 믿는 경향이 있다. 그러나 사후 생이 없다면 기독교의 부활과 영생, 천국과 지옥에 대한 개념이나 불교의 극락과 8대 지옥, 윤회 사상을 어떻게 이해할 것인가? 죽음이 끝이라고 한다면 착하게 살기보다 갖은 악행을 하면서도 자신만을 위해 살아도 무방한 것 아닌가? 따라서 근사 체험이나 종교에 따르지 않더라도 죽음은 소멸이 아니고 옮겨 감이라는 확신을 하게 된다.

죽음을 앞에 두고 사랑하고 고맙고 감사하고 용서하고 용서해 달라고 하면서 편하게 맞이하는 사람이 있는 반면에 "나는 죽고 싶지 않다. 나를 죽지 않게 해 줘!"라며 발악을 하는 이들도 있다고 한다. 호스피스 병동에서 오래 근무한 이들이 전하는 바에 따르면 정신이 없는 임종 직전에 가장 편안해하는 표정을 지을 때는 남겨진 자식과 지인들이 "저희 걱정은 마세요. 빛을 따라가세요. 저희도 언젠가 따라갈게요."라고 말할 때라고 한다. 퀴블러 로스 박사는 "인간의 육신은 영원불멸의 자아를 둘러싼 껍질이다. 죽음은 존재하지 않는다. 다만 다른 차원으로 이동할 뿐이다."라고 말했다. 그러면서 고치를 뚫고 나비로 변신하는 것과 유사하다고 죽음을 정의했다.

나는 김 병장의 영혼이 찾아와 마지막 인사를 했다고 믿는다. 그러면서 매사에 감사하면서 삶을 좀 더 진지하게 살고 영적인 면에 더 높은 가치를 두어야겠다. 나는 어디에서 와서 어디로 가는가와 살아가는 이유가 무엇인가, 어떻게 살아야 할 것인가 등의 근원적인 물음에 답을 달면서 살아야겠다. 그리고 죽음이 무섭거나 어려운 것이 아니라 조용하고 평화로운 사건으로 받아들이는 생각을 굳게 해야겠다. 오늘도 김 병장의 명복을 빌며 천국에서 평안하기를 기도한다.

제4부
나의 인생 사계절

나의 인생 사계절

짐 론의 《내 영혼을 담은 인생의 사계절》이란 책을 읽으면서 나를 포함해서 우리 인생을 되돌아보는 계기가 되었다. 이 책의 저자인 짐 론은 인생을 봄, 여름, 가을, 겨울로 나누어 얘기하고 있다. 각 계절은 인생 출발부터 종점까지의 여행에서 일련의 시기, 또는 단계를 말한다.

봄은 통상 태어나서부터 청년기까지라고 하겠는데, 새롭고 아름답고 설레는 시기이면서 동시에 미래에 대한 불안과 두려움을 갖는 시기이다. 봄에 항상 날씨가 좋다면 세상은 사막으로 변할 것이다. 바람이 불고 비가 와야 새싹이 자라 꽃이 피고 열매를 맺듯이 시련과 고민과 아픔 속에서 청춘이 크는 것이다. 나쁜 토양이나 날씨, 씨앗을 탓하고 인생의 불공평함을 탓하는 경우가 많은데 인생은 원래 불공평하다. 부잣집에 태어나거나 가난한 집에 태어나는 것, 행운과 불행을 자신이 선택할 수 없기 때문이다. 최근 우리 젊은이들이 너무 심한 경쟁 속에 사는 것 같아 안타깝지만 좋은 씨앗을 부지런히 뿌려 두어야 앞으로의 삶이 행복해질 것이다. 취직을 못 하거나 연애에 실패하여 여름으로 건너가는 길목에서 멈추어 있는 이들도 종종 보게 되는데 나는 이를 인생의 보릿고개라 생각한다. 심지어는 사고나 병으로 바로 겨울로 가는 인생도 있으니 세상만사 어찌 다 같을 수가 있겠는가?

여름은 자신의 꿈을 향해 열심히 일하고 노력하는 인생의 장년기라 하겠다. 봄에 심은 씨앗을 부지런히 가꾸고 성장시키는 시기인데 장마가 오기도 하고 태풍이 불어 힘든 시기를 보내기도 한다. 인생의 전환점이 되는 절정 사건도 이때 많이 발생하게 된다. 즉, 심각한 갈등이나 질병, 사랑하는 이와의 결혼과 이혼, 직장에서의 승진이나 실패, 조기 은퇴 등 예기치 않는 충격과 행운이 동시에 일어나는 것이다. 지쳐 쓰러지거나 실패하여 다시 일어나지 못하는 경우는 가을을 건너뛰어 겨울로 직행하는 인생을 살게 되는 예도 있다.

가을은 인생에서 가장 풍요롭고 창조적인 계절로 중년 이후의 삶이라 하겠다. 뿌리고 가꾼 만큼 거두는 시기인 것이다. 봄을 십분 활용하지 못하였거나 여름의 뜨거운 뙤약볕 아래서 정성 들여 가꾸지 않은 사람들에게는 변명만 남는 시기이기도 하다. 자기 자신에게가 아니고 상황을 탓하고 환경을 탓하며 변명하기 바쁜 경우가 대부분이다. 지구온난화로 아열대성 기후로 변화하듯 요사이 인생에서도 가을이 짧고 겨울이 긴 삶을 많이 보게 된다. 한편 가을에도 봄날을 맞이하여 새로 심고 가꾸는 삶을 사는 이들도 있다.

겨울은 노년기로 과거의 것들을 용서하고 이해하며 삶을 마무리하는 시기라 하겠다. 겨울은 삶에서 풍성하게 받은 선물을 나누면서 감사하게 사는 때이다. 그러나 준비되지 못한 겨울은 살을 에는 듯한 바람과 눈발이 날리는 들판에 서 있는 나무와 같은 존재가 되기도 한다. 그러므로 겨울은 자기 자신에게 정직해지면서 성찰의 시기라 하겠다. 100세 시대인 요즘은 겨울을 봄같이 활용하여 인생 이모작을 하는 이들도 종종 보게 된다. 그냥 허비하기에 너무 많은 시간이 남아 겨울을 봄철의 시간처럼 활용하는 것이다.

내 인생의 사계절은 뚜렷이 구분 지을 수 있다. 생도 시절까지가 봄이고 임관해서 전역 때까지가 여름이었으며 지금이 가을이고 곧 겨울을 맞이할 것이다.

나의 어린 시절은 그 시절 대부분이 그러했듯이 가난했다. 그러나 가난은 선택의 폭을 좁게 하여 외줄 타기를 하듯 아슬아슬하게 삶을 이어 오게 하는 등, 불편했지만 그로 인해 불행한 시절을 보낸 것은 아니다. 오히려 나를 더 강하게 만들고 인내하게 하였으며 성공하겠다는 확고한 신념을 갖게 하였다. 그리고 생도 생활은 정신적 육체적으로 나를 잘 단련시켰으며 인생관과 사생관, 직업의식을 분명하게 정립할 수 있었다. 그 시절 내가 장차 지휘관이 되어야 했기 때문에 리더십이론이나 심리학, 철학, 조직이론에 관한 책을 많이 읽었다. 그리고 안정된 가정을 꾸리게 될 아내와도 연애하던 시절이었다.

나의 여름은 임관 이후 전후방 각지에서 스물한 번의 이사가 말해주듯 많은 부대를 옮겨 다니며 다양한 보직 경험을 했다. 4박 5일간 잠을 안 자고 훈련한 적도 있고 보름 동안 침대에 눕지 못하고 쪽잠을 자면서 업무에 매진한 적도 있었다. 진급에 비선되어 사회에 나간다면 무엇을 하며 살 것인가 고민했을 때 아무것도 잘하는 것이 없는 나를 발견하기도 했다. 그리고는 끝내 최고 계급을 얻지 못하고 전역한 것이다. 그러나 양심에 비추어 비리를 저지르거나 공금을 유용한 적이 없고 보직을 청탁하거나 진급을 부탁한 적도 없으니 당당하다. 부하들을 공평하게 대우하려고 했고 병사들의 인권을 최대한 존중하면서 지휘했다. 의식적으로는 나를 위해 부하들을 희생시키거나 그들을 이용하지도 않았다. 그사이 결혼하여 세 명의 자식을 두었고 아내 덕분에 단란한 가정을 꾸려 나갔다.

나의 가을은 전역 후 이곳에 집을 지어 전원생활을 하면서 가족과 친구들과 지인들, 선후배들과 좋은 관계를 유지하며 살고 있다. 나무를 심고 텃밭을 가꾸며 여행도 다니고 운동도 하며 지낸다. 뒷산에 다니며 사색도 하고 동네 이웃과도 원만한 관계를 유지하며 산다. 인생에서 가장 행복한 시간이고 유익한 삶이며 건강한 시기라고 스스로 자부한다. 아내는 가난한 군인을 내조하면서, 세 아이의 엄마로, 교사로, 며느리와 딸로 바쁘게 살아왔다. 그도 정년퇴직 후 시와 수필을 쓰면서 문학 모임 일도 하고 친구와 동료, 제자들과 함께 보람된 가을을 보내고 있다. 잘 커 준 아이들은 자기의 길을 부지런히 가꾸어 가며 자신의 빛깔에 맞추어 삶을 개척해 나가고 있다.

이제 다가올 겨울을 준비해야겠다. 지금까지 동적인 삶에 치중하였다면 이제부터는 정적인 삶을 지내기 위해 독서와 사색과 글쓰기를 하면서 자연스럽게 겨울을 맞이하려고 한다. 그러나 나이가 듦으로 겨울이 되는 게 아니라 몸이 말을 듣지 않아 부자유스러울 때부터 겨울이라 생각하려고 한다. 그때까지는 가을과 봄처럼 거두면서 가꾸면서 사는 창조적인 삶을 살려고 노력할 것이다. 영혼이 성숙해지면서 존엄한 죽음을 자연스럽게 맞이하도록 내 삶을 가꾸어 갈 것이다.

바닷가를 걷다 보면 아무리 잔잔할 때일지라도 파도가 끊임없이 밀려온다. 때로는 집채만 한 파도가 세상을 삼킬 듯이 휘몰아치기도 하고 겨울의 매서운 바람을 타고 거칠게 밀려오기도 한다. 우리 인생도 사계절을 지내면서 많은 시련과 고통을 동반하게 된다. 그러나 인생은 역경이 없어서가 아니라 역경이 있음에도 불구하고 성취할 수 있도록 설계되어 있음을 내 삶을 통해 알 수 있었다. 앞으로 남은 삶도 잘 살아야겠다는 다짐을 새삼 해 본다.

나의 유년 시절

나는 유년 시절을 남한강과 달래강(달천)이 합쳐지는 합수머리를 끼고 있는 동네 외딴집에서 보냈다. 야트막한 산기슭과 남한강 주변으로 마을이 형성되어 있었으며 일제 강점기에 철광석 광산을 하다가 폐광된 굴이 서너 개 있고 그로 인해 깊게 함몰된 지형이 형성되어 있던 곳이다.

초등학교는 십오 리쯤 떨어진 면사무소 옆에 있었는데 그곳까지 비포장 신작로를 걸어 다녔다. 학교가 멀다 보니 아홉 살에 입학하였다. 강원도에서 이사 온 나는 사투리로 인하여 놀림을 받았고 외딴집에 살다 보니 친구가 거의 없었다. 다행히 형의 보살핌을 받으며 등

교는 하였으나 하교 때에는 혼자 와야 해서 몰려다니는 동네 아이들 한테 괴롭힘도 당했다. 그러던 어느 날 욕을 하는 아이와 싸움이 벌어졌는데 내가 그의 코피를 터트렸다. 다음 날 아침 그 집 앞을 지나가려는데 그 친구 삼촌이 나를 불러 세웠다. 자초지종을 묻고는 친하게 잘 지내라고 화해를 시켜 주어 그 이후부터는 그 친구와 같이 다니게 되었다. 내가 싸움을 잘한다는 소문이 나고 게다가 공부도 곧잘 했으니 나를 놀리는 친구가 차츰 없어지게 되었다. 학교를 오고 가는 것이 가장 힘든 일이라 다른 놀이를 할 여유는 없었던 듯 기억이 나지 않는다.

그러다가 3학년 때 지역 유지가 기부한 땅에 분교가 생겼다. 한결 여유로운 아침을 맞이할 수 있었고 방과 후에도 놀 시간이 많이 생겼다. 학교 운동장은 아직 다져지지 않아 비가 오면 질척거렸고 체육 시간마다 세숫대야에 잔돌을 주워 버리고 모래를 까는 일이 주가 되었으니 공을 가지고 운동하는 일은 거의 없었다. 내가 공을 갖고 노는 운동에 약한 것은 그 시절의 영향이 컸다. 학교가 파하면 대부분 아이는 집으로 가는데 나는 학교 도서관을 지키며 책을 읽거나 소사 아저씨(당시 학교 허드렛일을 하는 이들을 일컬음)와 함께 칸나를 심고 나무와 화초를 심는 일 등을 도와드렸다.

학교가 개교되었을 때 독지가 한 분이 도서를 기증하여 도서관이 생겼는데 관리를 내가 도맡아서 하게 되었다. 자연히 책을 읽는 시간이 많아지고 읽고 싶은 책은 집으로 가져오기도 했다. 《괴도 뤼팽》과

《셜록 홈스》시리즈, 세계 명작 전집 등을 재미있게 읽었던 기억이
난다. 가끔은 집에 품앗이하는 아주머니들과 엄마에게《삼국유사》에
나오는 김춘추와 김유신 장군의 동생 문희 아씨 이야기나 무왕과 선
화공주, 처용과 망해사 이야기 등을 들려드려 칭찬을 받기도 했다. 부
모님이 일을 시키면 방에 들어가서 책을 읽고 있어서 혼을 내면 "나
는 이렇게 안 살 거야."라는 변명을 했다고 한다. 5학년 때는 나관중
의《삼국지연의》다섯 권을 독파하는 데 심취하여 시험을 망친 적도
있었다. 수업 시간에도《삼국지》에 나오는 장수들과 전장의 모습이
눈에 아른거려 다른 것을 생각할 겨를이 없을 정도로 빠져 지냈었다.

　달천과 남한강이 합쳐지는 지역에는 넓은 모래톱과 자갈밭이 형성
되어 자주 그곳에 가서 모래성을 쌓거나 물수제비를 뜨며 놀았다. 가
끔은 여울에 돌을 쌓고 어항을 놓아 물고기를 잡기도 했는데 불거지
(피라미), 모래무지, 참마자 등이 잡혀 집에 가지고 와서 매운탕을 끓
이기도 했다. 마을 형들과 갔을 때는 고기를 잡는 즉시 배를 따고 손
질해서 초고추장에 찍어 생으로 먹었는데 나도 따라 했었다. 그 시절
여름에는 매년 홍수가 나서 마을 어귀와 길 위에까지 물이 찼다가 빠
지기를 몇 번 반복했고 심할 때는 저지대의 집까지 침수되는 일이 있
었다. 우리는 산 위에 올라가 충주 뜰 상당 부분이 흙탕물에 잠긴 장
관을 구경하곤 했다. 어느 날 아침에는 강 위로 안개가 자욱한데 산
등성이에는 해가 나서 구름 위 천상에 와 있는 착각을 느낄 때도 있
었다. 물이 줄어들면 길 웅덩이에는 미처 빠져나가지 못한 붕어 새끼
들이 올챙이처럼 꼬물댔는데 우리는 신고 있던 검정 고무신으로 이

들을 퍼 날라 다시 강으로 보내 주거나 폐광된 굴속 고인 물에다 놓아주었다. 여름 장마철에는 회오리가 불어 간신히 몸을 가누고 지나간 다음 보면 작은 물고기가 펄떡이는 기현상을 목격하기도 했다. 지금 생각하니 용오름 가운데 있었던 듯하다.

홍수가 잦아든 시기에는 강에서 수영하고 놀았는데 강 중간 못 미쳐 있는 모래톱까지 건너가는 시합을 하기도 했다. 하루는 비 온 후라서 물살이 세었는지 헤엄쳐 가다가 소용돌이에 휘말려 물을 먹고 허우적거린 적이 있었다. 간신히 정신을 차린 나는 떠내려가고 있는 자신을 알아채고 심호흡 후 물 밑으로 들어가 바위를 잡고 몸을 가눈 다음 뭍으로 빠져나왔다. 겁을 먹었거나 수영을 못 했으면 이렇게 죽는구나 하는 아찔한 순간이었다. 종종 강을 건너던 청년들이 익사하는 예도 있었는데 어른들 얘기로는 달천 물은 따뜻하나 중간에 남한강 물을 만나면 갑자기 차가워져 몸에 쥐가 난다고 하였다.

집으로 가는 길 옆으로 개울이 흘렀는데 여름철에는 바위가 깎여 생긴 웅덩이에서 멱을 감기도 하고 봄가을에는 버들치와 가재를 잡아 구워 먹기도 했다. 지금은 가재가 보호종으로 지정되어 잡을 수 없지만, 당시에는 가재만 한 영양식이 없었다. 특히 봄에 알을 품고 있는 가재는 그 맛이 일품이었다. 진갈색 가재에 불이 닿으면 붉게 변하면서 익는데, 작은 랍스터라고 보면 된다. 겨울에는 얼음이 얼어 꽤 긴 슬로프를 만드는 구간도 생겨 비료 포대나 쌀가마니 뜯어진 것을 가져와 해 질 녘까지 썰매를 타고 놀았다.

5학년 말에는 부산에서 부모님이 고향을 찾아 이주하는 바람에 전학 온 여자아이가 있었다. 그때까지 나는 옷에 대해 거의 신경을 쓰지 않았는데 그 아이가 입고 다니는 옷매무새에 드디어 나의 꾀죄죄한 옷차림이 눈에 들어와 창피함을 느꼈다. 이브가 선악과를 먹고 부끄러움을 느꼈던 감정이라고나 할까? 도시 태가 나는 하얀 얼굴에 나긋한 사투리가 정겨운 아이였다. 함께 동시 짓는 백일장도 나가고 회장과 부회장으로 친했음 직도 한데 숫기 없는 나는 거의 말도 걸지 못한 채 주변만 빙빙 돌았던 기억이 있다.

그렇게 나의 유년 시절은 청정한 자연과 책 속에 흘러갔다. 아쉬운 것은 남녀를 불문하고 마음을 줄 친한 친구를 사귀지 못한 것과 좀 더 철들어 부모님을 도와드리지 못한 것이다. 그래도 남한강과 달천이 준 정서적 혜택으로 이 글을 쓰고 있으니 다행이라고 해야겠다. 얼마 전 초등학교 친구들을 만났더니 벌써 유명을 달리한 친구도 있었고 학교도 폐교되었다고 했다. 지금은 충주댐이 생긴 후 조정지댐으로 물이 차서 합수머리는 사라지고 다리 세 개가 놓인 가운데 자동차 전용도로가 지나간다. 세계 조정선수권대회 등으로 많은 변화가 생겨 옛 정취는 찾아볼 수가 없다. 마음속 아련한 곳에 어릴 적 추억을 간직하고 살 수밖에.

언제나 마음은 태양

〈언제나 마음은 태양〉이란 영화는 1967년도에 개봉되었으나 우리나라엔 1973년도에 들어온 영화의 제목인데 룰루의 〈To Sir with Love〉 주제가는 50년이 지난 지금도 귀에 쟁쟁하게 그리워진다. 영국의 빈민가 학교에 문제아들을 가르치며 벌어지는 흑백 갈등, 성장통, 사랑, 우정 그리고 주인공 선생님의 헌신적인 교육으로 인해 변해 가는 학생들을 그린 영화이다. 그 시절, 나도 비슷한 환경의 학교에 다니고 있었고 그 당시 동창들과 단체로 영화를 보러 갔었던 추억이 겹쳐 생각나기 때문이리라.

내가 살던 곳에는 복지정책이 거의 시행되지 않던 그 당시에 미국의 원조와 각계의 지원으로 보육원과 중등 과정 직업학교가 운영되고 있었다. 학생 구성은 보육원에서 다니는 친구들과 가난하여 정규 중학교에 가지 못한 학생들, 그리고 다른 학교에서 퇴학당해 온 학생들이었다. 개중에는 나이가 꽤 많은데 공부하고 싶어 들어온 누나도 있었고 간질을 앓는 동생을 데리고 같이 온 누나도 있었다. 여관에서 청소 일을 하다가 쫓겨나 집에 못 가고, 갈 곳이 없어 기숙사로 피신 아닌 피신을 한 친구도 있었다. 선생님들은 교사 자격증이 없으나 헌신과 봉사를 실천할 마음이 있는 좋은 분들이셨다. 시인을 지망하여 문학을 전공할 꿈을 가진 갓 고등학교 졸업한 선생님, 집안이 부유하여 피아노와 성악을 공부한 선생님, 기독교적 헌신을 실천하기 위해 온 선생님 등이 우리를 가르쳤다.

나는 적은 땅에 농사지어 겨우 굶지 않고 사는 집 형편에다 형이 시내 중학교에 다녔던 관계로 중등 과정을 이곳에서 공부하게 되었다. 당시, 기숙사는 남녀가 같이 쓰는데 멀건 보리와 옥수수죽이 나오는가 하면 밥에 김치 하나 주는 때도 있었다. 그리고 돼지를 키우는 사육장이 있었는데 방과 후에는 남학생들이 음식물 찌꺼기를 받으러 시내 음식점을 돌기도 했다. 가끔은 선배한테 맞거나 서로 의견이 맞지 않아 싸움도 벌어졌고 결석을 하는 것은 고사하고 학교를 그만두는 경우도 다반사였다. 나도 한창 농사일이 바쁜 농번기에는 한 달쯤 결석했는데 친구들이 집에 와서 농사일을 돕고 같이 잔 적도 있었다. 그러니 입학 당시 두 학급으로 출발하여 졸업할 때쯤에는 한 학급으로 줄어들었다.

3학년 봄날, 중학교 자격 검정시험이 한 달쯤 남아 교실에서 공부하다가 쉬러 나왔는데 남녀학생이 어우러져 피구를 하면서 '깔깔', '하하' 신나게 놀고 있었다. 하늘은 더없이 파랗고 목련은 꽃잎이 반쯤 떨어져 뒹굴고 '저렇게 행복할 수 있을까?' 할 만큼 해맑은 모습에 그만 눈이 시려 왔다. 지금도 뭐라고 말로 표현할 수 없는 아련함이 가슴을 울리고 있었다. 아직도 잊히지 않는 그 감정은 무엇이었을까? 스무 명쯤 시험을 봤는데 나와 보육원 여학생 둘이 합격했다. 교무실에서 합격 통보를 받는데 "와!" 하며 나를 덥석 안았던 뭉클한 감촉이 아직도 남아 있는 듯하다.

가을에 〈언제나 마음은 태양〉이 시내에서 상영되어 단체 관람을 하였다. 영화의 장면마다 피부색은 달라도 느끼는 감정은 비슷한 이야기들이 나올 때마다 여학생들의 입에서 감탄과 훌쩍임이 함께하였다. 아마도 선생님을 짝사랑한 친구도 있었을 테고, 이성 간의 연애 감정이 한창 무르익을 나이 아닌가? 나도 상급 학년 교실에 들어와 소란을 피운 2학년 학생을 얼굴이 망가지도록 때린 적이 있었는데 하교하는 길에 그 반에 있는 한 친구가 쫓아와서는 결투를 신청했었다. 그때 학교 담장에 기숙사 학생들이 큰소리로 "칼을 가지고 있으니 피해라!" 해서 멈칫거리고 있는데 선생님이 알고 달려와 마무리된 사건이었고, 영화에서는 선생님에게 결투를 신청하는 장면이 있었다.

졸업이 가까워질수록 진로에 대한 고민과 어떻게 살아야 할지 막막한 심정은 서로 전이되는 듯, 여학생들은 교실에 모여 앉아 노래를 부르거나 멍하니 창밖을 보는 우울한 모습이 자주 보였고, 남학생들은 볕 좋은 담벼락에 기대어 세상 한탄하는 일이 잦아졌다. 그해 초겨울 첫눈 내리던 날, 운동장에서 눈싸움하던 여운이 남아 교실에서도 소란이 계속되었다. 회장을 맡고 있던 내가 교탁으로 나가 장난친 학생들 나오라고 해서 손바닥을 세 대씩 때렸다.

"우리가 왜 여기에 있나? 가난한 부모 밑에 태어났지만, 이 가난을 우리 자식들한테는 물려주지 말아야 하지 않겠니?"

이렇게 말하며 함께 눈물을 흘린 적도 있었다.

대부분 친구는 생활 전선으로 뛰어들었고, 나는 고등학교에, 보육원 여학생은 동생이 입양 가 있는 미국으로 가기로 되어 있었다. 어느 날 부엌 찬장에서 편지 한 장을 발견했는데 그 여학생에게서 온 편지였다. 곧 미국으로 떠나는데 만나자는 내용이었으나 날짜가 지나 있었다. 물어보지는 않았지만, 어머니가 감추어 둔 것 같았다. 사귀거나 얘기한 적도 없이 먼발치에서만 보던 사이더라도 이역만리 떠날 때 약속을 못 지킨 미안함으로 한동안 마음이 아려왔다.

눈물 젖은 빵을 함께 먹었던 친구들, 특히, 기숙사에서 생활했던 친구들을 중심으로 동창 모임을 이어 오고 있었는데 나는 전국을 떠돌며 다니다 보니 삼십 년이 넘어 처음 참석하였다. 시골에서 농사짓는 친구의 비닐하우스에서 고기를 굽고 술을 나누는 자리였다. 첫 참석이다 보니 일찍 갔는데 다 모이니 스무 명쯤 되었다. 반갑다며 오는 친구마다 술을 받아 마셨더니 진짜 모임을 할 때는 정신을 잃었다.

나중에 안 일이지만 친구 집 기둥을 타고 오르지 않나, 바깥에 나가 고함을 지르지 않나, 그러다가 어느 순간 잠이 들어 죽은 듯하더란다. 그 후, 가끔은 모임에 참석하거나 경조사에 얼굴을 비치며 산다.

그 친구들을 보면 하버드대 조지 베일런트 박사의 '인생 종단 연구'가 겹쳐 지나간다. 만난 지 50년이 지난 지금 너무나 다른 삶을 살아온 각자의 인생 여정이 많은 교훈과 아쉬움을 주고 있다. 암울한 유년기를 딛고 화려한 노년을 맞이하는 친구도 있고 아직 생활 전선에서 벗어나지 못하는 친구도 있는데, 친구 대부분이 삶을 긍정적으로 바라보며 즐겁게 살아가고 있으니 '젊어 고생은 사서도 한다.'라는 속담이 맞는 것 같다. 인간의 회복 탄력성 덕분에 언제나 마음은 태양인 삶이 되는 것이리라.

둘째 탄생의 비화

1995년 10월 24일은 월요일로 민관군 통합으로 진행되는 독수리훈련이 시작되는 날이었다. 오전에 나는 잠깐의 짬을 내서 지휘부에 보고 후 둘째가 태어날 예정인 시간에 맞추어 유성에 있는 산부인과를 찾았다. 검게 위장 분칠을 한 얼굴에 철모를 쓴 사내는 병원 입구에서 산모와 딸이 건강하게 태어났다는 얘기만 듣고 부대로 복귀하였다.

대대가 창설된 지 한 달도 안 된 시기에 맞이한 첫 훈련인 관계로 그 전날인 휴일에도 부대에 출근하여 훈련 준비를 하였다. 집에 전화했더니 산기가 있어 아내는 입원하고 장모님은 병원에, 장인어른은 집에 계셨다. 새벽에 준비태세훈련이 있고 준비할 일들이 쌓인 관계로 부대에서 자기로 했고 늦은 시간에 연락하니 내일 열한 시쯤 제왕절개 수술을 한다고 했다. 산모가 서른 중후반이니 그럴 수밖에 없었을 것이다.

부대로 복귀한 나는 휴일 내내 준비한 공중강습계획을 들고 협조회의를 하기 위해 헬기를 타고 항공부대로 갔다. 사실은 공중강습이 처음인 우리 부대에 훈련을 계획할 사람이 나밖에 없어서 아내의 병원행도 함께하지 못한 것이다.

회의를 마치고 헬기에서 내리는데 대기하던 장교가 바로 사단 지휘통제실로 가라고 하면서 실상황이 벌어졌다고 했다. 급히 들어간 지하 벙커에는 주요 직위자들이 모여 있었고 부여에 간첩이 나타나서 한 명은 잡고 한 명이 도주한 상황을 알려 주었다. 사단장께서 직접 작전 지시하면서 헬기 세 대가 올 테니 원점으로 출동하라고 명령하셨다. 대대에 복귀한 나는 장교 2명과 부사관 1명을 포함하여 지원자 위주로 20명을 선발, 세 대의 헬기에 나눠 타고 간첩이 도주한 반대 방향 야산 아래에 내렸다. 지도에 표시된 예상 도주로로 전속력 달리기를 하여 산기슭에 전개한 다음 신중하게 수색을 이어 갔다. 정상 부근에 다다랐을 때 멀리서 나는 권총 소리를 들었다. 간첩이 가진 무기가 권총임을 아는 나는 대원들을 모아서 총소리가 난 곳으로 뛰어갔다. 그사이 도로에는 충남 경찰 기동대가 봉쇄선을 치고 있었고 날이 어둑해지기 시작했다. 경찰 간부가 외딴집을 수색하던 중 간첩과 우연히 만났으나 산 쪽으로 달아났다고 상황을 설명해 주었다. 우리는 그가 갔을 만한 방향으로 수색을 하다가 어두워져 매복으로 전환하였다.

대대의 전 병력이 작전장교 인솔하에 도착했고 경찰 봉쇄선 안으로 선을 연결하여 매복하였다. 아침이 되어 지정된 작전지역에서 수색 정찰이 시작되었다. 두 마리의 군견을 앞장세워 정밀수색을 하였으나 잡지 못하고 오리무중인 행적을 두고 작전이 확대되어 군사령부에서 작전을 통제하게 되었다. 우리 대대는 그날 오후부터 지정된 곳으로 이동하여 봉쇄선 매복작전을 하였다. 특전사 요원과 특공부대원들이 투입되어 수색을 전담하였기 때문이다. 다행히 다음 날 묘지 다복솔 아래 숨어 있던 간첩을 특공대원이 발견하여 총을 쏴 체포함으로써 작전이 종결되었다.

차량으로 부대에 복귀하는데 전날 한잠도 못 잤을 텐데도 우렁찬 군가 소리가 계속 들렸다. 실전에 투입되어 성공적인 작전을 수행한 부대원들의 높은 사기를 알 수 있었다. 총기와 실탄, 인원과 장비가 이상 없음을 지휘 보고한 다음 대대 회의를 하였다. 아내가 둘째를 낳았다는 사실에 입원부터 지금까지 전화 한 통 못한 나의 죄가 두려워 빨리 마치고 병원으로 가리라 생각하고 진행하였다. 그런데 간부들 표정을 보니 들떠 있었고 그냥은 헤어질 수 없다는 간절함이 보였다. 할 수 없이 유성에 가서 목욕 후 짜장면을 먹여 보내기로 하였다. 그런데 우리의 무용담을 듣던 중국집 사장이 고생했다며 시키지도

제4부 나의 인생 사계절　209

않은 요리를 내오고 우리는 독한 고량주를 마시기 시작했다. 군견을 처음 운용한 부사관은 자신이 잡을 것 같다는 확신이 들어 군견이 가자는 대로 따라갔다고 했다. 두 개의 능선을 넘어 작전지역을 벗어난 곳까지 소낙비를 맞은 듯이 땀을 흘리며 개의 보조에 맞추어 산을 누볐는데 나중엔 똥개가 아닌가 의심이 들더란다. 실상은 운용자가 통제를 잘해야 하는데 욕심이 앞서 벌어진 사단이다. 그 이야기부터 물소리에 오인 사격한 일까지 나에게 보고되지 않았던 무용담이 계속 이어졌고 나는 과하게 취해 버렸다. 과일 가게에 들러 늦가을에 귀하다는 무등산 수박 한 덩이를 들고 병원을 찾았는데 아내는 술 냄새가 아기한테 해롭다며 자는 얼굴만 보여 주고 내쳤다. 나중에 알았지만 부기가 있는 산모는 수박을 먹지도 못한다고 한다.

다음 날은 맨정신으로 딸을 보리라 다짐하고 퇴근을 기다렸다. 일은 내 뜻대로 흘러가지 않고 작전에 참여한 지휘관과 참모를 대상으로 사단장 격려 만찬을 한단다. 장교식당에서 시작한 회식은 늦도록 계속되었고 돌아가면서 하는 건배와 불려 나가 받은 잔으로 난 만취되었다. 내칠 줄 알지만 늦게 병원을 찾아 얼굴만 잠시 보고 집으로 향했다.

그다음 날은 아무 일도 만들지 않겠다고 다짐하며 출근했는데 웬걸, 요번엔 충남 도지사 주관으로 작전 성공을 축하하는 만찬을 하였다. 도청에 술 잘 마시는 간부들은 다 데려왔는지 술잔 주고받기를 자주 하는 사이 또 만취가 되어 버렸다. 늦은 시간 병원에 온 사위한테 드디어 장모님이 한마디 하셨다.

"자네, 둘째 딸 낳은 게 그렇게도 서운한가? 그게 어디 내 딸 탓만 인가?"

장모님은 눈물까지 보이셨다. 당황했지만 현실이 그러하였으니 '죄송합니다.'라고 한마디 하고 자리를 떠났다.

다음 날은 토요일이라 오전 일과를 마치고 집에 왔더니 아내가 퇴원하여 드디어 처음으로 딸을 안아 보게 되었다. 퇴원하는데 병원 원장이 아빠는 왜 한 번도 병원에 안 오는 거냐며 의아해서 자초지종을 얘기했노라고 하였다.

그렇게 둘째 태어난 월요일부터 토요일까지가 흘러갔다. 그 이후에도 바쁜 군 생활이 이어져 오롯이 육아는 아내의 몫이었고 게다가 비슷한 시기에 중대장과 부사관 한 명도 출산하여 체육대회 등 어쩌다 가족들이 부대를 방문하는 행사가 있는 날에는 우리 대대 모습이 볼만하기도 했다. 아빠가 아무것도 해 주지 못하고 태어난 둘째 딸은 속 한 번 썩이지 않고 긍정적으로 예쁘게 커서 회계사가 되었다. 지금은 예전 아빠보다 더 바쁜 생활을 하고 있으니 대견하기만 하다.

중국 계림 회갑 여행

　회갑을 맞이한 친구 여섯이서 우리끼리 해외여행 가자는 의견이 나와 추진한 곳이 중국 계림이었다. 고등학교 시절, 수학여행을 제주도로 갔었는데 그 이후 처음 장거리 여행이었다. 그때 뱃멀미가 심해 안 가고 대신 내 여행 경비를 친구에게 내어줬다. 그 친구도 이 중에 포함되어 있다.

　계림이 있는 장족 자치구는 소수민족을 통제하기 위해 만든 5개 자치구 중 하나이며 중국 최남단으로 베트남과 국경이 맞닿아 있다. 계림은 중국 화폐 20위안의 배경 사진에 나오는 곳이다. 경치가 빼어나 '계림산수 갑천하(桂林山水 甲天下)', 즉 '계림의 산수가 천하 으뜸이다.'라고 중국 교과서에 수록된 곳이기도 하다. 계림 시는 인구 50만의 도시로 가로수와 공원에는 계수나무가 많이 자라고 있었다.

인천공항에서 직항로로 계림에 도착한 우리는 바로 호텔에 투숙하여 여장을 풀고 한 방에 모여 신나게 떠들고 놀다가 잠을 잤다. 여행의 주목적이 우정을 더욱 돈독히 다지는 데 있으니 꼭 고등학교 수학여행 온 기분이었다. 다음 날 아침 일찍 일어난 나는 시내를 가로지르는 이강과 새벽시장을 둘러보고 들어왔다. 이른 시간인데도 부지런히 움직이는 도시의 활력을 맛보고 운동 삼아 걸었다. 호텔 방을 같이 쓴 친구가 늦게 일어나는 습관이 있는 것도 한몫했다.

첫날은 지역에서 가장 높은 해발 903m의 요산을 리프트를 타고 올랐다. 요임금의 사당이 있는 곳으로 정상에 오르니 우뚝우뚝 솟은 봉우리가 끝없이 펼쳐진 장관을 연출하고 있었다. 그중에는 산 능선을 연결하여 부처님 와불을 닮은 지형도 있었다. 이곳은 3억 5천만 년 전에 바다였는데 융기 현상으로 산들이 솟구쳐 특이한 카르스트 지형이 생겨났다고 한다. 한시(漢詩)에 조예가 있는 친구는 부채에 붓으로 글과 그림을 그리는 노인 옆에서 자신이 좋아하는 한시를 쓰게 한 다음 기념으로 샀다.

오후엔 이강 유람선 여행을 하였다. 이강은 총길이 170㎞로 곳곳에 기암절벽과 3만 6천 개의 봉우리들을 감상할 수 있는 곳으로 이곳이 중국의 풍경 명승구로 지정되는 데 결정적인 역할을 한 젖줄이다. 강에는 크고 작은 유람선이 가득했는데 여행객들의 모습이 눈에 들어오기 시작했다. 외국 관광객 중에 중년 사내 여섯이 같이 다니는 예는 우리가 유일했고 부부나 단체 관광, 여자친구들 모임이 주를 이루고 있었다. 서양 사람들은 젊은이의 배낭여행이나 은퇴한 부부의 여행이 주였다. 강을 따라가다 보면 민물가마우지로 고기를 잡는 풍경을 볼 수 있었는데 이 지역의 전통어로 방식이라고 했다.

이후 계림 시내로 이동하여 공원을 둘러보고 '산수 간 서커스'를 관람하였는데 특이한 것은 한국어 자막이 나오는 것이었다. 이곳은 일년에 천만 명의 관광객이 찾는데 그중 20%가 외국인이고 한국 사람이 가장 많다고 하였다. 다음으로 간 곳은 마사지를 받는 곳이었다. 친구 여섯이 죽 누워서 전신 마사지로 피로를 푼 다음 저녁을 먹고 호텔로 들어왔다. 밤에는 다시 모여 화투 놀이를 하며 오가는 현찰 속에 다져지는 우정을 확인했는데 끝나고 다 나눠 주었다.

다음 날은 은자암 동굴을 관광했는데 동양 최대의 종유석이 자라는 곳이라 했다. 다층식 종유굴인 은자암 동굴은 형형색색의 조명을 받아 신비한 지하 세계를 연출하고 있었는데 그 규모가 어마어마하였다. 부처 형상을 닮은 종유석과 거대한 석순 등 그야말로 장관이었다. 삼척의 환선굴이나 대금굴, 단양의 고수동굴과는 비교가 되지 않는 규모의 석회석 동굴이었다. 한 친구는 무거워 들고 다니기 힘들다는 친구들의 핀잔에도 불구하고 옥으로 만든 조각품을 선물용으로 샀다. 그날 점심은 회갑을 맞이한 친구가 양식에서 가장 맛있다는 중국요리점에서 백주를 곁들여 한턱내었다.

맛있는 오찬 후에는 서가 재래시장 관광이 있었는데 가는 곳마다 기념품을 산 친구가 캐리어가 필요하다고 하여 한 가게에 들어갔다. 알루미늄으로 된 가방을 가리키니 45만 원이란다.

"무슨 소리! 7만 원이면 되겠는데."

친구가 말하니 가게 주인이 벌컥 화를 내며 나가라고 한다. 구시렁 대며 나오는데 다시 붙잡더니 25만 원을 내란다. 10만 원, 그러면 본 전도 안 된다고 20만 원, 너무 비싸다고 12만 원, 본전이라며 18만 원, 그냥 간다고 하자 15만 원만 내란다. 통상은 반값으로 깎으면 다행이라고 생각하는데, 보는 우리는 '역시 사업하는 친구의 흥정 수완은 다르다.'라고 혀를 내둘렀다.

저녁을 먹고 북경올림픽 개막식을 기획했던 장예모 감독이 연출한 〈인상유삼저〉 공연을 보러 갔다. 비가 억수같이 퍼붓는 중에도 취소되지 않고 볼 수 있어서 다행이었다. 이강과 12개 산봉우리를 무대로 펼쳐지는 산수 야외극장은 800명의 출연진과 어우러져 상상 이상의 화려한 공연을 펼쳤다. 태어나서 처음 보는 퍼포먼스와 규모, 색상, 무대들이 나를 압도했다. 특히, 그 지역에서 실제 살아가는 마을 사람들과 생업에 활용되는 대나무 배나 소를 그대로 이용한다고 하니 감동이 더하였다.

여행 마지막 날은 《귀거래사》를 쓴 송나라 시인 도연명이 살았다는 세외도화원을 갔다. 현지인들이 무릉도원이 이곳이라 칭할 만큼 경치가 빼어난 호수와 강이 어우러져 있었다. 게다가 소수민족인 묘족, 동족, 장족 등의 고유한 의상과 춤을 감상할 수 있기도 했다. 오후에는 다시 계림으로 들어와 우산 공원 등을 들렀다가 자유 시간을 가진 후 야간에는 양강사호 유람선 여행을 했다. 이강과 지류인 도화강이 흐르는 중에 네 개의 호수(삼호, 용호, 계호, 목룡호)가 연결된 상당한 규모의 수상 관광지였다. 곳곳에 소수민족의 춤과 노래, 악기가 연주되고 가마우지 어부의 모습도 보면서 금탑, 은탑을 포함한 계림 야경을 구경할 수 있는 곳이었다.

밤늦게 비행기로 귀국하면서 3박 5일의 회갑 여행은 마무리되었다. 고등학교 졸업 후 각자의 분야에서 나름대로 열심히 살았던 친구들이 40년 넘은 우정을 더욱 다지는 계기가 되었다. 서로는 가정과 직장에서 다른 모습으로 살고 있으나 친구로 같이 지내는 동안에는 하나가 된 느낌을 받게 될 만큼 속을 터놓을 수 있는 친구들이다. 여행은 어디를 가느냐보다 누구와 가느냐가 더 소중하다는 것도 느꼈다. 다시 한번 가자고 약속하였으나 코로나-19와 집안 대소사, 사업 등으로 아직 못 갔는데 이 글을 계기로 추진해 봐야겠다. 더 늦기 전에.

아버지의 고향

　벌써 돌아가신 지 20년 가까이 되신 아버지의 고향은 평창군 도암면 춘두목이라는 대관령 자락 산골이다. 대대로 물려받은 작은 땅뙈기에 기대어 옥수수와 감자를 심어 연명하며 산이 주는 나물과 열매, 산짐승을 잡아 단백질을 보충하며 사셨다고 했다. 눈이 어른 키만큼 쌓인 겨울엔 박달나무 스키를 만들어 타시다가 나무 그루터기에 걸려 사타구니를 다쳤던 얘기를 하실 때면 우린 깔깔 웃으며 '얼마나 아프셨냐?' 하고 묻곤 했다. 서른 넘어 결혼 십 년 후 늦게 자식을 낳은 게 그때 충격 때문이라고 생각하신 적도 있으셨단다.

　오남 이녀의 넷째 아들이셨던 아버지는 결혼 후 농사지을 땅이 부

족한 고향을 떠나 어릴 때부터 배운 게 농사밖에 없으니 더 깊은 산속으로 들어가 화전을 일구고 약초를 캐며 사셨다고 했다. 그러던 어느 날, 6·25가 발발하자 다시 고향으로 돌아올 수밖에 없으셨단다. 형과 동생은 이미 조카들이 있으니 남쪽으로 피난을 떠나고, 피난 가지 않겠다고 고집 피우시는 할아버지를 모실 사람이 필요했던 것이었다. 결혼 후 팔 년이 되도록 자식이 없었던 죄 아닌 죄로 할아버지를 모시고 계실 수밖에 없으셨단다. 당시 갓 서른이었던 아버지는 어쩔 수 없이 방아쇠를 당기는 우측 집게손가락 한마디를 낫으로 내리쳐 스스로 잘라 북한군에 끌려가는 것을 사전에 방지했다고 한다. 몸서리쳐지게 잔인한 행위였지만 숭고한 효심이 아닐 수 없다. 어머니는 눈썹을 밀고 얼굴에 검은 숯 칠을 하고 옥수수 더미 아래 토굴을 파고 사시며 문둥이 행세를 하셨단다.

그해 여름엔 인민군이 들어와 지휘소를 동네에서 가장 넓었던 할아버지 집에 설치하고 꽤 오래 주둔하며 지냈는데, 소를 잡아먹은 것을 제외하고는 다행히 큰 해를 끼치지는 않았다고 하셨다. 라디오가 없던 산골이라 전황이 어떻게 돌아가는지 몰랐던 아버지는 북한군 패잔병들이 가끔 보일 때 북한군이 밀리고 있다는 것을 알아챘단다. 이윽고, 한국군이 들어와 다시 지휘소로 며칠 집을 빌려주고 나니 한겨울이 닥쳤는데 감자와 옥수수 농사를 근근이 한 덕에 겨울을 지낼 수 있었다고 하셨다.

다음 해, 큰아버지와 조카들이 들어오니 어쩔 수 없이 전에 화전 했던 움막으로 가서 한 해를 더 보냈는데 첫아들이 태어났다. 그런데 계속 병치레가 이어져서 자식 살리자고 무작정 병원이 있는 묵호, 지금의 동해시로 이사를 하셨다. 깊은 산골에서 바깥세상에 처음 나온 아버지는 오징어 배도 타고 연탄을 찍어 팔면서 나와 여동생을 더 낳았다. 그러던 중 동업자가 외상 수금한 돈을 가지고 잠적하는 바람에 그곳에 있던 집과 공장을 다 두고 다시 농사짓는다고 충주로 무작정 도망치듯이 왔다. 내가 일곱 살 때, 처음으로 영동선 새벽 열차를 탔는데 터널과 산속을 지나 달리는 열차 여행이 신기하기만 했다. 충주역에 내려, 아버지는 솥과 세간살이를, 형과 나는 옷과 이불을, 어머니는 동생을 업고 보따리 하나를 들었던 것으로 기억한다. 탄금대 합수머리에서 배로 강을 건너 걸어오는데 한강에 달빛이 슬프고 푸르게 비쳤던 아스라한 봄의 그 밤을 잊을 수가 없다.

그곳에서도 할 수 있는 것이 농사일이라 남의 집 일해 주며 지내다가 산골에 외딴집을 짓고 개간을 시작하셨다. 당시에 식량 증산 7개년계획이 시행되어 개간 촉진법에 따라 국유지를 개간할 수 있었고 밭이 되는 사이에는 밀가루와 일부 지원금이 나왔었다. 3년을 개간하여 약 오천 평의 밭이 생긴 우리 집은 감자, 고구마, 콩과 밀 등 먹거리를 자급자족하게 되었고 고사리를 비롯한 나물과 밭에서 나는 농작물을 일부 팔아 생활하면서, 뽕나무를 심어 누에도 키우는 등 돈 되는 것은 무엇이라도 했던 것 같다. 등잔에 석유를 아낀다고 모깃불을 벗 삼아 멍석 위에서 옛이야기를 토해 내듯 하시며, 할아버지 산소에 몇 년간 가지 못하는 불효를 저지르고 있다고 한탄하시기도 했다. 그 어려운 살림살이에도 자식들 공부는 나름 열성적으로 뒷바라지를 하셨다. 가끔, 옛 성현의 일대기나 명심보감에 나오는 좋은 글귀를 들려주시면서 큰 그릇이 되어야 한다고 당부하곤 하셨다.

그렇게 정착되어 가던 중 정부에서 축산 장려 운동이 시작되자 충주 시내에 사는 돈 많은 이가 우리 땅을 수용하여 목장이 생겼다. 재기할 목적으로 온 정열을 바쳐 일군 땅을 잃게 생긴 아버지는 그때부터 술을 드시는 일이 잦아졌고, 나에게는 주전자에 막걸리를 받아 오는 심부름이 종종 주어졌다. 돈도 없고 아는 이도 없는 타향에서 쫓기듯이 나온 아버지는 어느 사과 과수원 지기로 들어가 살다가 이모와 동생이 있는 공주로 이사하여 돼지와 소를 키우며 삶을 이어 나가셨다.

늘그막에 힘들어하셔서, 내 아내인 둘째 며느리가 여주에 아파트를 구해 처음으로 도시 생활을 하게 되셨다. 아파트 입주 첫날, 보일러가 돌면서 따듯한 물이 나오고 훈훈해진 방을 보시며 천국에 온 것 같다고 하셨다. 경로당에 가서 장기도 두시고, 남한강 강가를 산책하며, 휴일에는 성당에 나가 미사도 드리며 사셨다. 아파트 자투리땅에 호박도 심고 채소도 심어 동네 분들한테 나누어 주시기도 했다. 7년을 그나마 편하게 지내시다가 병원에서 3일 앓고 돌아가셨는데 우리 집에서 가까운 남한강 공원묘지에 장지를 마련하였다. 그런데, 몇 년 후 풍수지리에 심취한 형이 상의도 없이 명당을 찾았다며 충북 영동 산속에 묘지를 만들어 이장했다. 말릴 수도 없는 일이라 참 난감했었다. 한편, 아버지의 원래 고향이 외로운 산골이었고 사시면서도 외딴 산골에 많이 사셨으니 돌아가셔서도 외롭게 계시는구나 하는 생각이 들었다. 지금은 어머님과 합장하여 그렇게 외롭지는 않으시겠지만 일 년에 두세 번 들러 성묘하는 불효를 저지르고 있다.

아버지 인생을 반추해 보면 효심(孝心)이 깊었고, 부부 금실도 좋았으며, 자식 농사도 그런대로 잘 지었으나 자신의 삶은 고생과 방랑의 연속이었다. 평생 바르지 않은 길은 걸은 적이 없으시고 인심 좋은 이웃으로 살아오셨다. 노을에 물들 듯이 노년을 사시다가 자식들 고생 안 하도록 조용히 삶을 마감하셨다. 아버지의 고향은 언제나 외딴 산 속이었다. 참 외로우셨을 것이다. 돌아가신 지 이십 년이 다 되어 가지만 군 생활로 바쁘다는 핑계 삼아 효도하지 못했던 날들이 후회로 남는다. 더 잘해 드릴 수 있었는데.

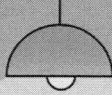

내 어머니의 노년

어머니는 96세에 돌아가셨다. 아버지보다 13년을 더 사신 것이다.

여주 아파트에 두 분이 계시다가 혼자가 되신 이후 외로움과 허전함을 견뎌 내지 못하시고 수원의 딸한테 사정을 이야기한 모양이다. 집에 들어가기 싫다고. 며느리한테는 차마 같이 살자는 말이 안 나왔을 것이다. 고등학생부터 어린이집 다니는 막내가 있고 아내가 학교에 출근했으니 말이다. 여동생 내외가 와서 보고는 "돌아가실 때까지 평생 잘 모신다." 하고 수원의 자기 집으로 모셔 갔다. 세 남매가 충분히 의논해서 처리했으면 좋았을 텐데 너무 성급했다. 장롱을 포함한 세간살이는 오롯이 아내가 처가 식구들의 힘을 빌려 치우고 아파트도 처분해야 했다.

수원에서는 아침을 먹고 종일 노인정에서 노시다가 저녁에 들어와 주무시는 생활을 하셨다. 그사이 성당은 딸과 함께 열심을 내어 다니셨다. 어머니의 재산목록 1호가 성모 마리아상이고 묵주였으니까. 그렇게 7년을 큰 잔병치레하지 않으시고 사셨다. 두 번인가 정신이 혼미한 적이 있었는데 금방 회복되셨다고 했다. 동생 처지에서 오래 모셨으니 가끔 들여다보는 오빠들이 얄밉기도 했을 것이다. 그러다가 동생네가 아파트를 분양받아 이사하면서 어머니를 우리가 모셔 갈 수 없느냐고 형한테서 전갈이 왔다. 형네 집이 추워서 그러니, 겨울을 지내면 모셔 간다는 조건이었다. 그렇게 우리 집 아파트에서 같이 지내게 되었는데 하루하루가 전쟁이었다. 세 아이 건사하랴, 학생들 수업 준비해서 학교 가랴, 옆 동에 계시는 친정 부모님 챙기랴, 휴일에는 아이들 데리고 남편 뒷바라지하러 가랴, 아내에게는 정신없는 시간이 지나가고 있었다. 봄이 되어도 형한테는 연락이 없어 할 수 없이 노인 요양 등급을 받아 주간 보호 신청을 하기로 하였다.

"어머니, 제가 학교에 가 있는 동안만 잘 돌봐 주는 곳에 가 계시다 퇴근하면서 모셔 오는 거예요."

알아들었다고 하시다가도 국민건강보험 실무자가 집에 방문하여 몇 가지 검사를 할 때면

"난 괜찮아. 다 잘할 수 있어!"

하시면서 윗몸 일으키기를 몇 번 하고 팔다리를 막 흔드셨단다. 그 직원이 웃으면서 노인 요양 등급을 받으실 수 없다고 하였다. 나중에

안 사실이지만 수원 노인정에 있을 때 그런 데 잡혀가면 죽을 때까지 못 나온다는 거짓 정보를 믿고 계셨다. 아흔 넘은 노인이 건강하셔서 다행이긴 한데 여간 막막한 게 아니었다고 했다. 그렇게 전쟁을 일년 가까이 치르고 포항에 있는 형이 모시고 갔다. 그사이 나는 GOP 부대 참모장, 지휘관과 참모로 바쁜 나날을 보내고 있어 변명이 들어 있긴 하지만 어머니를 거의 신경 못 쓰고 있었다.

전역 후 포항에 계시는 어머니를 뵈러 가니 작은 시골 마을에서 노인정에 모여 재미있게 지내고 계셨다. 형수가 아파트에 같이 지내는 것을 반대하여 형 혼자서 집을 얻어 모시다가 그도 힘들었는지 시내에 있는 요양원으로 옮겼는데 5층 건물로 밖에 나갈 수 없는 구조라 거의 수용소 같은 생활을 하고 계셨다. 이건 아니다 싶었는데 다행히 외사촌 누이가 요양보호사로 일하는 요양원이 어떠냐는 누이의 말을 듣고 영동으로 옮겼다. 그곳은 시골에 폐교를 개조하여 요양원을 만들었기 때문에 자유로운 출입이 가능했고 산책하며 운동도 가능한 곳이었다. 더구나 담장 주변으로 호박도 심고 들깨도 심어 가꿀 수 있는, 어머니에게는 최상의 조건이었다. 게다가 가장 선임인 외사촌 누이가 잘 돌봐 주고 자식들이 자주 찾아뵈니 아주 많이 만족해하셨다. 우리 부부는 주말 나들이하듯 어머니를 뵈러 갈 수 있었다. 요양원의 실태는 어려운 분들이 많았다. 거의 자식이 찾아오지 않는 분들과 심지어 노인 정부 지원금까지 가지고 요양비를 내지 않고 잠적하는 자식도 있었다. 예상보다 너무 오래 사셔서 자식이 지쳤다는 생각도 들었지만, 시골 경제의 파탄도 한몫하는 것 같았다. 직접 모시지는 못해도 어머니가 조카딸과 함께 있어 좋아하셨고 요양 비용과 병원비를 그래도 살 만한 우리가 부담하고, 찾아갈 때마다 함께 드시게 넉넉히 가져가는 선물로 어머니는 아주 건강해지셨다,

  그렇게 2년 정도 건강을 유지하시다가 서서히 치매가 오기 시작했다. 하신 말씀을 계속 반복하시고 방금 앞에 하셨던 일도 잘 기억 못하시기 시작한 것이다. 화투 맞추기도 어려워하시고 잠잘 때도 자주 깨서 돌아다니신다고 했다. 가장 잘하시는 것은 천주교 기도문을 외며 묵주를 들고 기도하시는 것이었다. 새벽과 주무실 때 하셨는데 언제부터인가는 수시로 미사포를 쓰시고 기도하기 시작했단다. 하루는 내가 갔을 때 기도를 하고 계셔서 뒤에 서서 들어 보았다.
  "천주의 성모 마리아님, 이제와 저희 죽을 때에 저희 죄인을 위하여 빌어 주소서."
  "전능하신 하느님, 저희에게 자비를 베푸시어 죄를 용서하시고 영원한 생명으로 이끌어 주소서."
  많은 기도문 중에 이 두 구절만 계속 암송하시는 것이었다. '아! 이분이 죽음을 준비하고 계시는구나!' 하는 생각을 떨쳐 낼 수가 없었다.

  점점 더 건강을 잃으셔서 곡기를 넘기지도 못하시고 영양식으로 연명하는 상태가 되셨다. 몸은 말라 미라처럼 되어 가는데 오래 누워 계셔서 아픈 허리 외에는 통증을 느끼는 곳은 없으셨다. 그러다가 정신을 못 차리시고 병세가 악화하여 여주에 있는 노인병원으로 모셔 왔다. 병원에서도 딱히 병명을 찾지 못하고 나이가 많아 자연히 생기

는 노화라고 했다. 그렇게 두 달 정도 사시다가 낮에 뵙고 온 그날 밤에 연락받아 갔을 때는 이미 임종하셨다. 원래도 아담하게 작으셨지만 너무 말라 수척해지신 어머니를 보니 눈물도 나오지 않았다. 그래도 표정은 편안해 보이셨다. 그 전 주말에 세 남매가 모여 장례 절차를 이야기하고 뵈었기 때문에 더욱 담담했다.

그렇게 어머니는 하늘나라 천주님 곁으로 가셨다. 지금은 죽고 싶어도 못 죽는 세상이 되었고, 너무 오래 사셔서 효도가 사라진 세상이기도 하다. 겨울을 잘 이기는 나무는 겨울이 오기 전에 품고 있던 물을 버리고 얼지 않게 대비한다고 한다. 겨울을 이기시느라 몸에서 수분이 다 빠져나간 어머니는 봄이 되어도 다시 피지 않으니 잘못해 드린 것만 자꾸 생각이 난다. 그리고 보면 죽음은 살아 있는 모든 순간에 준비해야 할 인생의 목적임을 알 수 있다.

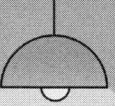

후회와 그리움

잔디가 파랗게 돋는 봄부터 우리 집 마당에선 야외 바비큐 파티가 시작된다. 집을 지어 이사 후 첫 손님은 여주 읍내에 사셨던 장인, 장모님이었다.

시골로 이사 후 한겨울을 지내고 봄이 되어 조경을 시작했다. 조경에 조예가 있거나 전원주택에 살아 본 이들의 의견을 들으니 잔디를 깔면 일이 너무 많아져 시멘트 포장, 아니면 부순 돌을 깔라는 조언을 했다. 나중에 힘 빠지면 그럴지언정 우선은 잔디를 깔기로 하고 바로 활착이 되도록 촘촘하게 마당을 덮었다. 산과 가까워 노송과 우거진 숲을 바라볼 수 있도록 주변에는 키가 작은 나무 위주로 심었다.

제4부 나의 인생 사계절 227

야외용 탁자와 의자, 바비큐 그릴을 사고 숯가마에서 참숯을 구해다가 첫 바비큐를 구웠다.

장인어른은 정년퇴직 후 집에서 꽤 멀리 있는 텃밭을 가꾸고 사셨다. 그중에도, 같은 아파트 내 다른 동에 계셔서 우리 아이들 뒷바라지를 여든 넘어서까지 하셨다. 아내가 학교에 가고 나면 어린이집부터 초등학교까지 등하교를 책임지시고 돌보셨다. 그리고는 시간 날 때마다 밭에 나가셔서 밭작물을 부지런히 가꾸고 거두셨다. 덕분에 채소와 김장거리, 고춧가루 등 집안 자식들 먹거리를 온전히 책임지셨다. 몇 년 전부터는 고추를 심을 때나 딸 때는 새벽에 나가 도와드리기도 하였는데 오전 중에 일을 마치면 읍내 내려와 시원한 막국수로 늦은 아침을 먹곤 했었다.

그래서 두 분은 우리 집에 오시면 우선 들르는 곳이 텃밭이셨다. 나는 검열을 준비하는 심정으로 나름 잡초도 뽑고 빈틈에 참외나 옥수수도 심어 그럴듯하게 가꾸어 놓고 대비하곤 했다. 그래도 이십 년 가까이 농사를 지어 오신 매서운 눈을 피할 순 없었다. 고춧대 아래 자란 순을 따 주는 것부터 참외 세 마디마다 순을 쳐 주는 것까지 자상하게 가르쳐 주시곤 했다. 돼지고기 목살을 두툼하게 사 와서 칼집을 내고 왕소금을 뿌려 노릇하게 구워 술 한잔 따라 드리면 그렇게 기분 좋아하셨다. 세 아이를 어릴 때부터 키워 주셔서 아이들도 외할아버지와 정이 돈독했다.

"여기나 와야 사람 사는 맛을 느낀다."

이런 말씀을 하시며 옛이야기부터 추억을 더듬어 밤이 깊어질 즈음에는 반딧불이가 날아오기도 했고 은하수가 구름처럼 흐르기도 했다. 그렇게 날씨가 좋고 서로 시간이 맞으면 모시고 들어와 가든파티를 자주 하곤 했었다.

전원에서 생활한 지 두 번째 되던 해였다. 장마가 끝나고 더위가 한풀 꺾인 늦여름에 김장 배추 모종을 심기로 한 날이었다. 그날따라 종일 비가 내려 다음에 심자고 말씀드렸는데 "그러마." 하셔서 우리는 집에서 쉬고 있었다. 그런데, 비가 오니 물을 안 주어도 되고 더 활착이 잘된다고 비를 맞아 가며 모종을 심으셨다. 전화를 드려도 안 받아 걱정된다며 아내가 시내 나가서 찾다가 밭으로 가니 버스 정류장에 흠뻑 젖은 모습으로 두 분이 기다리고 계시더란다. 급히 집에 모시고 와서 더운물로 샤워를 한 다음 보일러를 켜서 따듯하게 쉬시는 모습을 보고 아내는 집에 들어왔다. 그런데, 다음 날 독감에 걸리셔서 심한 열과 기침뿐 아니라 일어나실 기력이 없으시다는 장모님의 연락을 받고 급히 달려갔다. 병원을 알아보는데 큰처남이 와서 자기가 모시고 가겠다고 하여 본인이 사는 이천의료원에 입원시켰다.

워낙 말씀이 없으시고 참는 게 익숙하신 분이라 병세가 악화되는 것을 자식들은 놓친 것 같다. 의료원에서 식욕이 떨어져 밥을 삼키기 힘들어하시고 호흡이 거칠어지셨을 때 빨리 다른 조치를 해야 했는데도 차일피일 미루다가 시기를 놓친 게 아닌가 한다. 끝내 폐렴으로 발전되어 서울의 큰 병원으로 옮겼는데 이때부터 대소변을 받아 내야 할 만큼 병세가 심해졌다. 내가 면회하러 갔을 때 기저귀를 갈아 드리면서 대변을 치우는 장모님을 도와드렸을 때 몸은 말을 듣지 않으나 의식은 또렷하여 많이 창피해하셨다. 일주일쯤 지났을 때 병원에서는 더는 조치할 게 없으니 퇴원하여 요양병원에 입원하라고 하였다.

여주에 있는 노인 요양병원에 입원하신 장인어른은 점점 기력이 쇠하여 말씀도 못 하시고 눈의 초점이 흐려지셨다. 내가 말을 걸면 고개와 눈으로 반응은 하시는데 말씀은 못 하셨다. 그렇게 열흘쯤 되던 날 새벽에 임종을 맞이하셨는데 아무도 곁에서 지키지 못한 불효를 저질렀다. 우리 곁을 떠나시고 나서야 많은 회한이 몰려왔다. 내가 주도적으로 처음부터 큰 병원에 입원시켰어야 했는데 병이 깊어져 손을 쓸 수 없을 때 모시고 간 것이 가장 후회가 되었다. 그리고 일 년 전과 다르게 그해 봄부터 걷는 발걸음이 종종거리셨다. 파킨슨병으로 알아차려 미리 병원 진료를 해야 했는데도 동네 한의원에서 침만 맞힌 것도 후회되었다.

자식 중에 부모님 어금니가 몇 개 남아 있는지 아는 사람이 별로 없다는 말처럼 나도 참 무심했었다. 그래도 치아는 확인하고 있었으니 그나마 다행이라고 해야 하나. 폐렴이 나이 드신 분들한테 가장 위험한 병임도 미리 알았어야 했는데 독감이라고 생각하고 대처했던 게 문제였다. 그리고 폐가 망가지면 손쓸 도리가 없다는 것도 알아야 했는데 그것도 놓쳤다. 지나고 나면 아쉬움과 후회만 남는 것이 부모 자식의 관계인 것 같다. 자식이 늙어 본 적 없으니 부모의 늙음을 그저 나이 들면 그러려니 치부하고 대수롭지 않게 여긴다. 어느 시기가 되면 스스로 할 수 없는 것이 많이 생기는데도 큰 산 같았던 부모의 젊은 시절만 생각하고 뭐든지 잘하실 거라는 착각을 한다. 요사이는 여든 중반의 연세에 내가 구워 드린 고기를 제대로 씹을 수나 있었을까 하는 회한도 든다. 효도는 다 자식 마음 편해지자고 하는 것이지 부모 관점에서 하는 이가 몇이나 될까?

　가끔 텃밭에서 일하고 있을 때 나비가 날아와 주변을 맴돌 때면 장인어른과 장모님이 오신 게 아닌가 여겨질 때가 있다. 사람이 죽으면 나비가 된다는 생각 때문일까? 배추를 심을 때나 무 파종을 할 때는 더욱 그리워진다. 그리움의 어원은 글과 그림과 같아서 문자로 긁으면 글이 되고, 모양과 색깔로 긁으면 그림이 되며, 생각이나 이미지를 마음에 긁으면 그리움이 된다고 한다. 오늘은 이 글을 쓰면서 그리움을 마음 깊이 느끼는 밤이다.

청각으로 주신 사위 사랑

"안 선생님이죠? 어머님이 쓰러지셨어요!"
"네? 빨리 119 불러 주세요. 바로 갈게요."

장모님은 여주 시내 아파트에 올케가 놀러와 함께 지냈는데 대화 중에 며느리 얘기를 하다 화를 못 참고 일어서다가 쓰러지신 것이다. 더 황당한 것은, 이 상황을 알리기 위해 현관문을 열고 나오신 뒤 문이 잠겨 비밀번호를 몰라 앞집 문을 두드려서 아줌마를 불러냈다. 딸이 교사임을 알고 있었던 그분이 학교로 연락하여 전달된 것이다. 거의 119와 동시에 도착한 현장에서 의식이 없는 상태로 누워 있는 장모님을 옮겨 급히 구급차에 태웠다. 수술이 가능한 원주 큰 병원으로 이송하는 내내 골든 타임을 놓쳤을지 모른다는 불안감이 몰려왔다. 응급실에서 CT를 찍어 뇌를 확인한 결과 많은 피가 이미 흘러나와 고여 있었다. 수술해도 장담하지 못한다는 의사의 말에 거의 반실신 상태가 된 아내는 살려 내라, 수술해 달라고 외쳤다. 오랜 시간이 지난 후 수술실에서 나온 의사는 "수술은 잘되었으나 의식을 회복하는 것은 예후를 지켜봐야 합니다." 하는 의례적인 말을 하고는 피곤한 발걸음을 옮기는 것이었다.

그렇게 중환자실에서 깨어나지 못하고 지내셨는데 하루에 세 번 면회가 되어 들어가면 손가락을 꼼지락거리거나 눈살을 찌푸리는 때가 있어 의식이 돌아올 수 있겠다는 기대도 하였다. 그러나 의사와의 면담에서 그런 반응은 일상적이고 의식을 찾기는 어렵다는 회의적인 답변을 들었다. 그래도 기적을 바라던 우리는 한 달을 중환자실에서 보낸 후 큰 종교시설에서 운영하는 요양병원으로 옮겼다.

장모님은 농사를 많이 짓는 집 맏딸로 태어나 동생들 뒷바라지와 부모님 시중을 들며 지내다가 중매로 장인어른과 결혼하셨다. 부지런함과 근면함이 몸에 배 있는 장모님은 학교 관사 자투리땅을 일궈 채소와 각종 먹거리를 자급자족하셨다. 시골에 있는 조카들이 도시로 와서 공부할 때도 뒷바라지를 다 했고 집안 대소사도 부지런히 챙기시고 친인척들이 찾아와도 극진히 대접해 보냈다. 음식 솜씨가 탁월하셔서 장모님을 아는 이들 중에 그분 밥 안 먹은 이가 없을 정도였다고 한다.

우리가 시골에 정착한 후 두 해에 걸쳐 메주를 쑤셨고 간장을 담가 주셨다. 덕분에 나는 메주콩 삶는 물이 넘치지 않도록 불도 지펴 보았고, 발로 큰딸과 콩을 으깨어 메주 틀에 찍어 내는 것을 난생처음 해 보았다. 그 간장과 된장이 아직 남아 있는데 지금도 아내는 우리 집 음식은 간장 하나만으로도 맛있어진다고 한다. 조금 남은 간장은 씨간장으로 명맥을 계속 이어 갈 것이다. 잠시도 쉬지 않으시고 고춧잎, 고구마 순, 머위 순을 손질해서 반찬으로 만들어 내셨고 잔디밭이든 텃밭이든 잡초들을 못살게 구셨다. 할 일이 없으시면 걸레라도 들고 청소하시는 것이었다. 내가 좀 쉬시라고 목소리를 높이면 뒷방 노인 취급한다고 서운해하셨다. 그렇게 부지런하시고 건강하셨는데 김장하기를 하루 앞두고 졸지에 쓰러지신 것이다.

나와 아내는 모든 기능은 멈추어도 가장 마지막까지 남는 기능이 귀, 청각임을 알고 아침저녁으로 계속 말을 걸어 드렸다. 죽음에 잠겨 들 때도 최후로 남는 감각은 청각이고, 떠나는 자는 사랑하는 이의 목소리를 안고 간다는 믿음을 가지고 있었다. 실제로 하루가 멀다고 친인척들이나 지인들, 친구분들이 면회를 왔었는데 평소에 좀 싫은 내색을 했던 이들이 오면 얼굴을 찡그리셨다. 가장 친한 친구분이 수원에서 딸이 운전하는 차를 타고 오셨을 때는 표정이 눈에 띄게 밝아지셨다가 눈물을 보이시기도 했다. 돌 지나서부터 데리고 가 키워 준 우리 큰딸이 오면 다른 때보다 더 반응을 크게 하시곤 했다. 정말 말씀은 못 하시고 의식은 없으셔도 다 알아들으신다는 것을 느낄 수 있었다. 하루도 빠지지 않고 아침에는 내가, 저녁 퇴근 무렵엔 아내가 면회했다. 간병인 조선족 아줌마한테는 정성을 다해 보살펴 달라고 먹거리부터 옷가지까지 뇌물 아닌 우리의 성의를 보였다. 병실에 여섯 환자가 있었는데 그분들한테도 간식이나 과일 등을 대접하곤 했다. 아내는 목욕 도움부터 석션까지 간호사나 간병인이 하는 부분까지 배워서 같이 하였고, 욕창이 생기지 않도록 에어 매트 등 대책을 세우고 꼼꼼히 살펴보곤 했다. 면회하는 모습을 보면 그 친밀도를 알 수 있었는데 문 앞에 서서 들어오지도 않는 이가 있는가 하면 얼굴 한번 보고는 쓱 가 버리는 사람도 있었다. 반면, 어떤 이는 한 시간 가까이 대화를 이어 가며 표정을 살피기도 했다. 간병인을 통해서 누가 왔다 갔는데 어떤 행동을 했고 장모님 반응은 어땠는지 항상 확인했기 때문에 다 알 수 있었다.

한 해가 지난 초봄에 응급 상황이 되어 이전에 수술한 병원 중환자실에 입원하였다. 아침 면회 시간이 지나고 점심때 면회 시까지 시간이 남아 있던 나는 정기 건강검진을 하기로 했는데 갑자기 위내시경을 해 봐야겠다는 생각이 들었다. 그로부터 며칠 후 조직검사 결과가 양성반응으로 나왔다. 위 점막에 오돌토돌한 부위가 있어 검사했는데 암으로 의심되니 대학병원 가서 정밀검사를 받아 보라는 소견과 함께 병원과 의사를 소개해 주었다. 그사이 고비를 넘긴 장모님은 다시 요양병원으로 오셔서 보름쯤 계시다가 기도에 문제가 생겨 유명을 달리하셨다. 쓰러지신 지 17개월 되신 날이었다. 장인어른과 함께 합장하고 나서 나는 대학병원 가서 위 점막에 동전 크기만큼의 부위를 레이저로 시술하였다. 의사는 조금만 늦어 위벽으로 전이되었다면 위를 절제할 수밖에 없었다고 얘기하면서 아주 운이 좋았다고 하였다. 그는 장모님이 사위를 예뻐하셔서 선물 주신 것은 모르고 한 말일 것이다.

우리 집에서 쓰러지시기 전날 함께 보내실 때 나와 아내가 설거지하며 물을 가지고 장난치는 걸 보시고는
"나는 한 번도 네 아버지랑 장난 못 쳐 봤다."
하셨다.
돌아가신 아버님이 보고 싶지 않으냐고 여쭈었을 때는
"뭐가 보고 싶냐. 그냥 같이 밭에서 일하고 싶기는 하더라."
라고 에둘러 그리움을 표현하셨다. 아침에 밥 싸 들고 푸성귀 뜯어 밭가에서 먹을 때가 가장 맛있었다고도 덧붙이셨다. 두 분은 지금 하늘나라 어느 텃밭에서 쌈 싸서 맛있게 같이 드시려나. 마지막까지 사위 사랑을 잊지 않으신 어머님이 가끔 너무 보고 싶어진다.

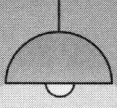

군 생활의 멘토

우리는 앞을 내다보며 살아야 하지만 때로는 지나간 날을 되돌아보면서 지혜와 영감을 얻기도 한다. 나를 적극적으로 도와주고 이끌어 준 분들을 추억하며 감사함을 새기는 것도 그중에 하나이리라. 내 인생에서, 특히 군 생활하면서 멘토를 꼽으라 한다면 누구였을까?

멘토는 그리스의 오디세우스왕이 트로이 전쟁 원정을 나가면서 친구인 멘토르에게 자기 아들 텔레마코스를 부탁했는데 멘토르는 스승으로, 상담가로, 때로는 아버지를 대신해서 텔레마코스를 훌륭하게 키워 낸 데서 유래된 말이다. 살면서 불확실한 미래에 큰일을 앞두고 먼저 경험이 많은 선배에게 조언을 구하거나 자신의 지식이 부족하

제4부 나의 인생 사계절 237

여 자문할 때, 마음에 담긴 속내를 터놓고 싶을 때 종종 멘토를 찾게된다. 그러면서 그와 비슷한 삶을 살기를 바라며 닮고 싶은 사람을 멘토라고 한다. 즉, 멘토는 자신의 경험이나 지식을 바탕으로 다른 사람을 조언해 주고 지도해 주는 사람인 것이다. 나에게 영향을 준 많은이들이 있지만 몇 분의 멘토를 떠올려 본다.

먼저 나의 대대장이다. 그분은 성실과 솔선수범의 대명사 같은 분이다. 시골 형님 같은 소탈한 성품인데 잘못에 대해 불같이 혼을 내다가도 언제 그랬느냐는 식으로 너털웃음을 짓곤 했다. 한마디로 뒤끝 없는 경상도 사내였다. 사단 체육대회에 대비하여 간부 줄다리기연습을 할 때였다. 키가 크셨던 대대장은 맨 앞에 자원해 섰고 간부들은 몸무게를 달아 무거운 사람 위주로 선수를 선발했다. 그러다 보니군의관이나 운동신경이 무딘 간부들도 뽑혔는데 연습을 하면서 게으름을 피우거나 힘을 다 쓰지 않는 경우가 종종 발생했다. 화가 난 대대장은 장갑을 벗더니 자신의 손바닥을 보이며 "나만큼 손바닥까진사람 있으면 나와 봐." 하는데 순간 쥐 죽은 듯이 조용해졌다. 장갑을 끼었던 손바닥이 붉게 물들고 피멍울이 생긴 것이다. 그 이후 연습을 하는데 기합 소리부터 다르더니 아름드리나무가 뽑혀 나가 전간부가 연병장에 뒹굴었다. 실전에서는 다른 부대가 채 일어서기 전에 승패가 갈릴 정도로 월등한 우세를 보였다. 솔선수범의 강한 응집력이 그대로 드러난 게임이었다. 내가 다음 보직을 받을 때도 주변에적극적으로 홍보하여 주었고 어려움에 부닥칠 때마다 찾아가서 도움을 많이 받고 지냈다. 내가 집을 짓고 정착했을 때도 찾아 주셨고 아내의 시집 출판기념식에도 참석하셨다. 독실한 크리스천으로 지금은 지역 교회에서 장로로 열심히 봉사하고 계신다.

또 한 분은 과장과 실무자로 만났다.

"야! 전쟁도 안 났는데 왜 이리 시끄러워?"

그분이 자주 쓰던 말이다. 훈련할 때 여기저기서 소란스러울 때마다 꼭 한마디 하셨다. 본인 자리에서 자기 일만 묵묵히 하면 되는데 훈련이 잘 안 되어 있는 조직이 우왕좌왕한다는 것이다. 그분은 개인마다 명확한 임무와 지침을 공평하게 나누어 줌으로써 톱니바퀴처럼 조직이 움직이게 하는 데 일가견이 있었다. 그러다 보니 일에 막힘이 없었고 여유 있는 시간이 많이 생겨나서 전임 과장 시절엔 매일 밤을 새우며 야근을 하였다는데 우리는 일과시간 내에 일 처리를 할 수 있었다. 그러고 나면 "오늘 산길이나 걷자." 하고 두 시간쯤 걸어가 허름한 식당에 들러 곱창과 등골 등 소 부산물에 소주로 배를 채우고 퇴근하곤 했다. 그런가 하면 시장 골목 순댓집에 들어가 비집고 앉아 술 놓을 데가 없어 마루 밑에서 꺼내 가며 회식도 했다. 그분 친구가 와서 사 줄 때는 좋은 데 가고 본인이 낼 때는 싸고 푸짐한 데를 갔지만 한 번도 아랫사람이 내지 못하게 하고 본인이 계산했다. 배짱도 두둑하여 지휘관 결재 시에는 간단한 핵심만 설명해 드리고 "나머지는 제가 다 책임지겠습니다." 하면 껄껄 웃으며 쉽게 결재를 해 주셨다고 했다. 그 바쁜 틈바구니에서도 후배들을 위해 용인 수지가 처음 개발될 때 아파트 분양을 받으라는 조언을 해 주어 나를 포함한 두 사람이 집을 갖게 되기도 했다. 지금은 시골에 정착하여 국내와 해외를 번갈아 여행과 운동을 하며 행복하게 사시고 중풍으로 어눌해진 친구를 자주 데리고 다니며 보살피신다.

또 한 분은 정책부서에 근무할 때 과장과 실무자 관계인 사이다.
"굿 모닝! 하하하."
한 번도 거르지 않고 큰소리로 웃으며 들어오는 그분을 보는 것만으로 행복해지는 아침이었다. 그분은 남들이 볼 때 업무를 등한히 하는 것으로 보일 만큼 이리 기웃, 저리 기웃하고 인접 부서나 상급자 사무실을 자주 드나들며 차 마시기를 좋아하셨다. 더불어 과장 방에도 찾아오는 손님들로 항상 북적였다. 그런데, 우리 과에 임무가 떨어지면 이미 알고 있었다는 듯이 밑그림을 그리고 지침을 주셨다. 상급자의 의도나 돌아가는 분위기를 파악하기 위해 부지런히 발품을 팔고 계신 것이었다. 그리고 큰 것은 본인이, 작은 일은 실무자가 하도록 업무 분담을 하고 나서 최종 책임은 본인이 지는 분명한 태도를 견지하셨다. 그런 이유로 우리 과에서 나온 보고서는 한 번도 승인되지 않은 적이 없을 정도였다. 워낙 사람을 포용하는 그릇이 크고 대인관계의 폭이 넓다 보니 주변에 사람이 끊이지 않았고 자연히 일과 후에 술자리가 많았으나 아침에는 취해서 들어오는 예는 없었다. 그 이유 중에는 남들과 같이 술을 마시면 본인이 가장 안 취하고 아침에도 쉽게 술이 깨인다는 특이 체질도 한몫했다. 하기야 동기 중에 술이 가장 세다고 소문이 날 정도였으니까. 과원들한테도 살갑게 대하고 양심에 한 치 어긋남이 없이 행동하면서도 자주 단결 활동으로 회식도 시켜 주었다. 이십 년이 지난 지금도 당시 해군, 공군 실무자와 주기적인 모임을 할 정도로 타군 장교들도 존경하고 따랐다. 아쉽게도 장군 진급에서 비선된 후 미련 없이 군복을 벗고 중견 기업에 들어가 사장까지 하고 퇴직을 하였다. 지금도 본인을 좋아하는 이들과 노는 데 바쁘지만, 행복한 생활을 하고 계신다.

이 세 분은 스승의 날이면 전화를 드리는 분들이다. 계급이 높거나 많은 혜택을 받아서 존경하는 게 아니고 인간적으로 좋아하고 따르고 싶으므로 멘토가 되는 것이리라. 해 질 녘 떠오르기 시작하는 달과 별을 보는 아름다움처럼 어두워질 때 빛을 비추는 인생의 길잡이 같은 분들이다. 추억은 나이 들어 가는 이들에게 부여된 권리라고 하듯이 오늘 밤도 그분들과 함께했던 즐거웠던 추억을 떠올려 본다.

친구의 아쉬운 삶 마무리

비바람이 심하게 치던 지난해 늦가을 친구의 부음을 받고 조문을 하러 갔다. 고등학교 시절 조정선수였던 그는 힘이 장사고 덩치가 유난히 컸다. 향을 피우며 절을 하니 항상 웃음을 잃지 않고 여유를 보이던 그의 모습이 눈에 선했다.

몇 년 전, 얼굴에 황달 기가 있고 소화가 안 된다고 동네 병원을 찾았더니 쓸개에 문제가 있다며 절제 수술을 했단다. 그 후 이 년이 지난 어느 날 몸에 이상을 느낀 친구는 대학병원에서 췌장암 판정을 받고 수술대에 올랐다. 그러나 퍼질 대로 퍼진 암 덩어리로 인해 손을 쓰지 못하고 다시 꿰매었다고 했었다. 마취가 풀린 친구에게 딸과 부

242 계급장 떼고 10년을 살아 보니

인은 수술이 잘되었다며 항암치료를 열심히 하자고 했단다. 항암치료를 하여 암 덩어리가 작아지면 다시 수술할 수도 있다는 의사의 권고를 듣고서다. 워낙 튼튼했던 친구는 항암치료를 거뜬히 받아 내며 남들이 겪는다는 위장장애나 머리 빠짐도 거의 없이 통증도 잘 느끼지 못하면서 견뎌 내었단다.

그는 고등학교 졸업 후 전기기술을 배워 시청 기술직 공무원이 되었다. 성실이 몸에 배어 있는 덕분에 고등학교 동창회 사무총장을 했었는데 나의 연대장 취임식에도 동창을 대표하여 참석하였다. 그와 별로 친하지 않았던 나는 눈도 안 마주치고 사진도 같이 찍지 않고 보내어 그가 많이 서운하다는 얘기를 다른 친구에게서 들었다. 그러던 중 평창 동계올림픽 기간에 그가 강릉의 선수촌 식당을 맡아 상주하고 있을 때 나와 친해지는 계기가 되었다. 나는 정선과 용평, 강릉에 선수촌 식당을 운영하는 사장 친구와 동행하여 자원봉사 겸 운전을 도와주었는데 며칠 같이 다니면서 강릉에도 자주 찾아가 그 친구를 만나면서 친해진 것이다. 천여 명 식사를 시간에 맞추어 차려 낸다는 것이 쉬운 일은 아니라서 그는 동분서주하면서 앉을 틈 없이 종종거렸다. 그러다가 어느 한군데서 문제가 생기면 본인이 직접 뛰어 해결하곤 했는데 가장 어려웠던 문제는 기간 중 설날이 중간에 끼어 있었을 때 주방에서 일하던 아줌마 중 몇 명이 말도 없이 출근을 안 하는 사태가 발생하였다. 급히 본인 부인을 포함하여 고향인 충주에서 한 차로 사람들을 공수하여 시간에 맞게 식사를 차려 낼 수 있었다. 그러니 정작 본인 가정의 명절은 차례는 물론 아이들 밥도 못 차려 줄 수밖에 없었다고 한다.

임종 한 달 전쯤 그의 아내가 친한 친구한테 제주도 여행을 함께 가도록 부탁했는데 그 흔한 해외여행은커녕 국내 여행도 변변히 한 적이 없다고 했단다. 그를 생각하면 영화로도 제작된 김정현의 소설 《아버지》가 생각났다. 일밖에 모르던 주인공 정수는 췌장암 말기 선고를 받고도 아내와 아이들에게 알리지 않았고 평생 가 본 적이 없는 고급 술집에서 이소령이라는 여인을 만나 위로를 받지만 정작 가족들은 술에 의지해 아픔을 잊으려는 아버지와 점점 더 멀어지게 된다. 뒤늦게 이 사실을 알게 된 아내와 딸은 화해를 시도하지만 정작 아버지 정수는 자기 죽음 이후 남게 될 가족을 걱정하며 주변을 담담히 정리한다는 줄거리인데 내 친구와 흡사한 데가 많았다.

장례식장에서 난 그 친구의 부인과 딸에게 은근히 화가 났다. 내가 모르는 이유가 있었겠지만, 상황을 알려 주고 주변을 정리할 기회를 박탈한 것이 아닌가 하는 의구심이 생겼기 때문이다. 그러면서 아름다운 인생의 마무리는 어떻게 해야 하는지에 대해 많은 생각을 하게 되었다. 존엄한 죽음, 자기 결정권이 있는 죽음을 생각한 것이다. 물론 살고 죽는 것은 인간의 영역이 아니기에 자신이 선택할 수는 없지만, 마지막 남은 삶은 잘 마무리해야 하지 않겠냐는 것이다. 죽음이란 모든 확실성 중에 가장 확실한 사건이며 모든 생명체는 죽음을 향해 가는 존재라고 하이데거는 말한다. 장자도 삶이란 무(無)에서 시작하여 죽음으로써 천지로 돌아가는 기뻐해야 할 일이며 계절이 바꾸듯 죽는 것은 자연스러운 현상이라고 이야기했다. 그러나 철학자의 말처럼 죽음을 자연스럽게 받아들이는 사람이 얼마나 되겠는가?

모든 생명체에는 죽음이 내재하여 있고 죽음은 아쉽지만 억울할 것 없는 일이고 고통 대신 편안할 수 있는 일이며 슬프지만 감사할 일, 두렵지만 설레는 일이라고 생각하면 크게 걱정될 것은 없는 것 같다. 대신에 죽음의 질을 높이고 존엄하게 죽으려면 사전 준비가 필요할 것이다. 언젠가 친구들과 죽음 이전의 고통에 관해 대화를 나눈 적이 있는데 충분히 통증을 억제하도록 처방을 받으려면 돈이 많이 든다고 했다. 요양병원에는 등급에 따라 통증 완화 주사를 놓는 횟수가 정해진다고 했다. 그러면서 친구들이 하는 말이 "원 없이 마약 맞고 아프지 않고 살다 죽자."가 결론이었다. 큰 병에 걸려 죽음을 맞이하는 심리 단계는 '부정-분노-타협-우울-수용'이라는 다섯 단계를 거친다고 한다. 따라서 부정부터 우울까지의 단계를 쉽게 극복하고 수용의 단계를 오랫동안 유지하는 마음의 준비가 필요할 것이다. 그래서 죽음을 삶의 일부이며 마지막 성장이며 다른 차원으로의 이동일 뿐이라고 생각하며 겸허히 받아들이는 마음의 자세를 가져야 할 것이다.

좋은 죽음이란 통증을 완전 조절하고 명확한 의사결정을 할 수 있으며 자신이 스스로 죽음의 준비를 마치고 갈등 해소와 용서, 인사를 다 하고 온전한 인간으로서의 존재감을 가진 채 죽음을 맞이하는 것으로 생각한다. 그렇게 하려면 유언장 작성을 미리 해 놓고 장례 계획도 세워 자손들과 공유하며 노후 요양 계획과 장기기증, 사전연명의료의향서 등을 미리 작성하고 자식들과 죽음에 관한 이야기를 자연스럽게 나누는 문화가 정착되도록 해야 한다. 즉, 삶을 정리하고 죽음을 자연스럽게 맞이하는 웰 다이(Well Die)의 개념 정립이 필요한 것이다. 많은 이들이 병원에서 사망하는데 병원에서는 죽음을 치료하지 못한다. 병치레에서 사망까지 기간이 길어짐으로 효과 없이 생명을 연장하기 위해 행하는 의료행위를 중단하고 존엄사를 포함, 자연사를 받아들이는 것도 필요하겠다.

조문하고 오면서 가족들이 사전에 친구에게 상황을 알려 주어 다 함께 삶을 마무리하는 시간을 가졌더라면 하는 아쉬움을 떨칠 수가 없었다. 그러면서 나는 자기 의지대로 통제 가능한 마무리를 지을 수 있도록 사전연명의료의향서를 작성하는 등 죽음을 준비하는 절차를 거쳐야겠다고 생각했다. 또한, 나도 얼마 남지 않은 삶을 잘 살다 가야겠다고 다짐해 본다.